DAVINA DELOR

Agenda de la Sagesse 2024

La vie prend la couleur
que l'esprit lui accorde

ÉDITIONS
MOSAÏQUE-SANTÉ

Davina Delor

Davina Delor commença sa vie publique en tant qu'artiste chorégraphique en passant des scènes d'opéras aux plateaux de télévision avec l'émission Gym Tonic. Après sa rencontre avec le Dalaï-Lama en 2003, elle est devenue moniale bouddhiste dans la tradition Gelugpa du bouddhisme tibétain sous le nom de Gelek Drölkar en 2007 au Tibet, et reçoit la pleine ordination près de Genève en 2012 sous le nom de Dhâmmâ Dam Ming. Elle fonde en 2006 le centre monastique Chökhor Ling, dont l'association qui lui est rattachée récolte des fonds destinés à soutenir l'entretien quotidien, les études et la santé des enfants tibétains défavorisés ainsi que de leur famille.

Médium spirituelle et psycho-analyste, Davina Delor effectue des consultations individuelles en présence ou par Zoom dans le but de permettre de trouver un sens à la vie et de libérer les mémoires négatives du passé.

Autrice à grand succès, la motivation de ses publications n'a d'autre but que le partage avec le plus grand nombre des valeurs du cœur qui sont le bonheur d'exister.

Chères lectrices, chers lecteurs,

Fidèle au rendez-vous de ce nouvel agenda qui entre dans sa huitième année de parution, la sagesse se veut prometteuse d'une année agréable à vivre. Aux habitués, je dis merci d'être toujours passionnément présents ; aux découvreurs, je souhaite la bienvenue !

Entre le déchiffrage du calendrier lunaire tibétain et celui des symboles sacrés, les jours partagés entre nous s'inscrivent dans la continuité d'une évolution créative et ambitieusement heureuse. À chacun d'en faire son chalenge de succès, bien conscient que le temps répond toujours à nos choix d'engagement.

Écrire cet agenda est pour moi chaque année un plaisir renouvelé, parce que je sais vous retrouver au carrefour des mots et aux croisements de routes des idées que nous allons partager. Ensemble, nous possédons la force de réveiller en nous le meilleur de nos possibilités, la lecture nous stimule, l'expérience nous unit.

À tous, je souhaite l'entrée dans un renouveau nécessaire, heureux et lumineux. L'amour nous porte, l'amitié nous rassemble, au nom du beau, du bon et du bien, restons reliés !

Davina Delor (Ven. Davina Dhâmmâ Gelek Drölkar)

www.davinadelor.com
www.chokhorling.com
www.facebook.com/DavinaDhamma
www.facebook.com/chokhorling
www.facebook.com/davinadelorspirite
www.youtube.com/DavinaDhamma
www.instagram.com/davinadhamma

« Le langage des symboles est celui de nos rêves. Il est celui de la vie sous toutes ses formes. Quoi de plus riche, de plus étonnant, de plus merveilleux que cet univers que chacun d'entre nous porte en lui ? Il est un lien qui nous unit les uns aux autres parce qu'il baigne au cœur de nos émotions. »

Didier Colin,
auteur du Dictionnaire des symboles, des mythes et des légendes

Apologie de la vie

Le plus grand défi présenté par la vie à tout ce qu'elle anime est d'entrer dans son jeu sans s'y brûler les ailes. À son école, on peut en apprendre les règles et faire l'effort de les appliquer. Cet exercice appelé expérience reste le seul moyen de comprendre le jeu et d'en tirer profit, en tous les cas de s'y essayer. Quoi qu'il en soit, on y entre en hurlant, on en sort en silence...

Entre-temps, comme un ruban de soie, le jeu de la vie glisse entre les doigts de ceux qui pensent résoudre son énigme. Sans commencement, sans finitude, la vie enroule et déroule son mouvement d'éternité, palpable les quelques instants du cours de l'existence, insaisissable cependant. Rien pour autant dans l'univers ne reste sans réponse. Au bout du compte, que voulons-nous ? Qu'attendons-nous ? Que savons-nous ? Après avoir retourné la question dans tous les sens, ce n'est qu'au bout de son parcours terrestre que l'homme voit le mystère se révéler à lui, et là, dans le passage secret du couloir de sa mort, à la lumière de la connaissance enfin révélée, c'est encore la vie qui lui sourit.

calendrier 2024

● Nouvelle Lune ○ Pleine Lune

◐ Premier quartier ◑ Dernier quartier

ZONE A : Besançon, Bordeaux, Clermont-Ferrand, Dijon, Grenoble, Limoges, Lyon, Poitiers

ZONE B : Aix-Marseille, Amiens, Caen, Lille, Nancy-Metz, Nantes, Nice, Orléans-Tours, Reims, Rennes, Rouen, Strasbourg

ZONE C : Créteil, Montpellier, Paris, Toulouse, Versailles

Janvier			*Février*			*Mars*			*Avril*			*Mai*			*Juin*		
1	**L**		1	J		1	V		1	**L**		1	**M**	◑	1	S	
2	M		2	V		2	S		2	M	◑	2	J		2	**D**	
3	M		3	S	◑	3	**D**	◑	3	M		3	V		3	L	
4	J	◑	4	**D**		4	L		4	J		4	S		4	M	
5	V		5	L		5	M		5	V		5	**D**		5	M	
6	S		6	M		6	M		6	S		6	L		6	J	●
7	**D**		7	M		7	J		7	**D**		7	M		7	V	
8	L		8	J		8	V		8	L	●	8	**M**	●	8	S	
9	M		9	V		9	S		9	M		9	**J**		9	**D**	
10	M		10	S	●	10	**D**	●	10	M		10	V		10	L	
11	J	●	11	**D**		11	L		11	J		11	S		11	M	
12	V		12	L		12	M		12	V		12	**D**		12	M	
13	S		13	M		13	M		13	S		13	L		13	J	
14	**D**		14	M		14	J		14	**D**		14	M		14	V	◐
15	L		15	J		15	V		15	L	◐	15	M	◐	15	S	
16	M		16	V	◐	16	S		16	M		16	J		16	**D**	
17	M		17	S		17	**D**	◐	17	M		17	V		17	L	
18	J	◐	18	**D**		18	L		18	J		18	S		18	M	
19	V		19	L		19	M		19	V		19	**D**		19	M	
20	S		20	M		20	M		20	S		20	**L**		20	J	
21	**D**		21	M		21	J		21	**D**		21	M		21	V	
22	L		22	J		22	V		22	L		22	M		22	S	○
23	M		23	V		23	S		23	M		23	J	○	23	**D**	
24	M		24	S	○	24	**D**		24	M	○	24	V		24	L	
25	J	○	25	**D**		25	L	○	25	J		25	S		25	M	
26	V		26	L		26	M		26	V		26	**D**		26	M	
27	S		27	M		27	M		27	S		27	L		27	J	
28	**D**		28	M		28	J		28	**D**		28	M		28	V	◑
29	L		29	J		29	V		29	L		29	M		29	S	
30	M					30	S		30	M		30	J	◑	30	**D**	
31	M					31	**D**					31	V				

	Zone A	Zone B	Zone C
Hiver	Du samedi 17 février au lundi 4 mars	Du samedi 24 février au lundi 11 mars	Du samedi 10 février au lundi 26 février
Printemps	Du samedi 13 avril au lundi 29 avril	Du samedi 20 avril au lundi 6 mai	Du samedi 6 avril au lundi 22 avril
Vacances d'été	Samedi 6 juillet		
Automne	Dates non communiquées à ce jour		
Noël	Dates non communiquées à ce jour		

(sous réserve de changements ministériels)

Juillet		*Août*		*Septembre*		*Octobre*		*Novembre*		*Décembre*	
1	L	1	J	1	**D**	1	M	1	**V**	1	**D**
2	M	2	V	2	L	2	M	2	S	2	L
3	M	3	S	3	M	3	J	3	**D**	3	M
4	J	4	**D**	4	M	4	V	4	L	4	M
5	V	5	L	5	J	5	S	5	M	5	J
6	S	6	M	6	V	6	**D**	6	M	6	V
7	**D**	7	M	7	S	7	L	7	J	7	S
8	L	8	J	8	**D**	8	M	8	V	8	**D**
9	M	9	V	9	L	9	M	9	S	9	L
10	M	10	S	10	M	10	J	10	**D**	10	M
11	J	11	**D**	11	M	11	V	11	**L**	11	M
12	V	12	L	12	J	12	S	12	M	12	J
13	S	13	M	13	V	13	**D**	13	M	13	V
14	**D**	14	M	14	S	14	L	14	J	14	S
15	L	15	**J**	15	**D**	15	M	15	V	15	**D**
16	M	16	V	16	L	16	M	16	S	16	L
17	M	17	S	17	M	17	J	17	**D**	17	M
18	J	18	**D**	18	M	18	V	18	L	18	M
19	V	19	L	19	J	19	S	19	M	19	J
20	S	20	M	20	V	20	**D**	20	M	20	V
21	**D**	21	M	21	S	21	L	21	J	21	S
22	L	22	J	22	**D**	22	M	22	V	22	**D**
23	M	23	V	23	L	23	M	23	S	23	L
24	M	24	S	24	M	24	J	24	**D**	24	M
25	J	25	**D**	25	M	25	V	25	L	25	**M**
26	V	26	L	26	J	26	S	26	M	26	J
27	S	27	M	27	V	27	**D**	27	M	27	V
28	**D**	28	M	28	S	28	L	28	J	28	S
29	L	29	J	29	**D**	29	M	29	V	29	**D**
30	M	30	V	30	L	30	M	30	S	30	L
31	M	31	S			31	J			31	M

Le calendrier lunaire

Le calendrier lunaire qui illustre cet agenda est construit sur la Lune et ses quatre phases, qu'elle soit nouvelle, en premier quartier, pleine ou en dernier quartier. La Lune éclaire la Terre pendant la nuit en réfléchissant la lumière du Soleil. Elle a une influence sur la nature, mais aussi sur nos vies. Ne la négligeons pas.

La Lune met en moyenne 27 jours 13 heures et 18 minutes pour faire sa révolution. Lorsque nous voyons la Lune plus importante, c'est qu'elle se trouve plus près de la Terre, elle est au périgée ; à l'inverse, lorsqu'elle est plus petite, elle se trouve à l'apogée.

Quand la Lune, la Terre et le Soleil sont alignés, il y a éclipse.

Si cette éclipse a lieu au moment de la nouvelle Lune, il s'agit de l'éclipse de Soleil.

Si cette éclipse a lieu au moment de la pleine Lune, il y a éclipse de Lune.

La Lune est croissante entre la nouvelle Lune et la pleine Lune. Chaque jour, sa surface lumineuse augmente. Donc, plus on se rapproche de la pleine Lune et plus la vitalité pour l'humain et la nature augmente. Il faut en profiter pour extérioriser ses sentiments et lancer de nouveaux projets, planter, revivifier sa chevelure par des masques qui seront plus efficaces.

La Lune est décroissante entre la pleine Lune et la nouvelle Lune, sa surface lumineuse diminue. Ainsi, plus on se rapproche de la nouvelle Lune et plus la vitalité diminue. Ce sont alors des périodes favorables à la réflexion et à la méditation, propices à faire des conserves, des confitures, des massages relaxants.

La nouvelle Lune est le moment où elle se trouve entre la Terre et le Soleil, elle n'est pas visible depuis la terre, elle est noire. C'est l'occasion de commencer par supprimer les mauvaises habitudes et nous convier à nous nourrir plus sainement, voire à jeûner. Attention, à notre énergie qui se renouvelle moins vite.

La pleine Lune se caractérise quand la Lune se trouve à l'opposé du Soleil par rapport à la Terre, elle est la plus lumineuse et notre énergie est à son comble. C'est le moment pour lancer des projets, mais il faut savoir canaliser cette exaltation par une pratique artistique ou sportive par exemple. Des insomnies peuvent se produire du fait de sa lumière en pleine nuit.

Vivre avec la Lune est un enseignement simple et naturel pour optimiser nos capacités et respecter notre environnement. La Lune exerce une influence sur les êtres humains qui la perçoivent plus ou moins selon leur sensibilité.

光明王寺

Le calendrier lunaire tibétain

Les combinaisons

Dans l'astrologie tibétaine, chaque jour lunaire correspond à la combinaison de l'élément du jour de la semaine avec celui de la constellation. Il y a au total dix combinaisons appelées « mineures » avec les quatre éléments : Feu, Terre, Air et Eau. Trois sont considérées comme excellentes, trois comme bonnes, trois défavorables et une très néfaste.

Les trois combinaisons considérées comme excellentes

Terre-Terre : jour très favorable pour tout ce que vous souhaitez, essentiellement dans vos projets de construction, d'achat de terre, d'affaires, pour augmenter vos activités. Vous atteindrez vos objectifs plus facilement. Cette « combinaison des obtentions » est positive pour tout.

Eau-Eau : c'est la « combinaison du nectar ». Elle est favorable à la croissance de toute chose, à la vie. Elle est source de vitalité. Pratiquez des rituels pour vous assurer une longue vie. Préparez un mariage, engagez-vous, investissez dans le business, les biens.

Terre-Eau : journée très favorable pour vous apporter le bonheur. C'est la « combinaison de la jeunesse ». Organisez des activités liées au plaisir telles que les fêtes, les mariages, les intronisations…

Les trois combinaisons considérées comme bonnes

Feu-Feu : la « combinaison du progrès » ; jour de bon augure pour accroître vos richesses, favoriser votre niveau de vie. C'est le moment de faire du business, des dons de charité, de gérer votre patrimoine, de planter des graines.

Air-Air : la « combinaison du perfectionnement ». C'est le jour pour atteindre rapidement ses objectifs, pour régler des différends, voyager, déménager, réaliser ses désirs.

Feu-Air : une bonne « combinaison de l'énergie ou de la force » qui favorise la réussite, la puissance et l'action.

Les combinaisons jugées comme défavorables

Terre-Air : la « combinaison de l'usure » ; journée de mauvais augure pour commencer une activité importante ou pour entamer un traitement médical, en raison d'un désaccord entre ces deux éléments. N'engagez pas d'argent, car votre richesse pourrait en être diminuée.

Eau-Air : la « combinaison de la séparation » ; ce jour peut provoquer la discorde, la séparation avec ses amis ou sa famille.

Terre-Feu : la « combinaison qui brûle » ; elle apporte la souffrance et peut causer des risques de brûlures, des différends.

La combinaison considérée comme néfaste

Feu-Eau : c'est la « combinaison de la mort » dans le sens négatif, donc très défavorable pour votre vitalité. Ce jour apporte la destruction de la vie.

Tous les jours, nous vous indiquons les combinaisons
par des pictogrammes et des couleurs :

Dans le calendrier lunaire pour jardiner, le Feu signifie sec et chaud ; la Terre, froid et sec ; l'Air, chaud et humide ; l'Eau, humide et froid.

Le chaud favorise le métabolisme. Le froid ralentit les transformations métaboliques. Le sec concentre la sève et aide à résister à l'humidité. L'humide permet de répartir les apports nutritifs dans le végétal.

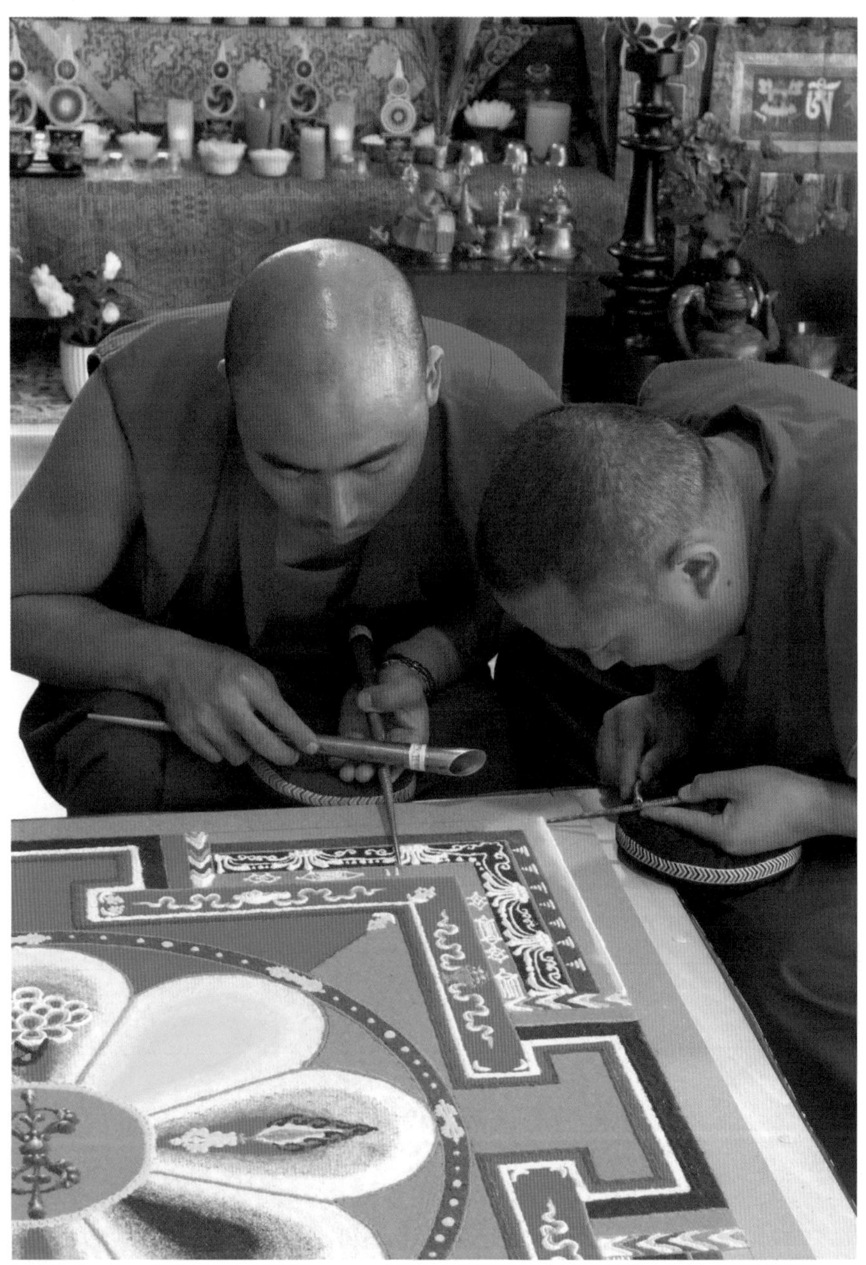

Les animaux symboliques

La conception astrologique tibétaine se fonde sur les 12 animaux symboliques.

Cette astrologie vous enseigne que la qualité de votre journée dépend de la relation entre l'animal-élément du jour donné, avec l'animal-élément de votre année de naissance.

Nous vous offrons le tableau des 12 animaux symboliques (Lièvre, Dragon, Serpent, Cheval, Chèvre, Singe, Oiseau, Chien, Cochon, Souris, Bœuf, Tigre) pour connaître le vôtre et savoir ainsi si le jour vous est favorable ou non (la couleur de l'animal indique l'élément du jour : Terre = jaune ; Métal = gris ; Eau = bleu ; Bois = vert ; Feu = rouge).

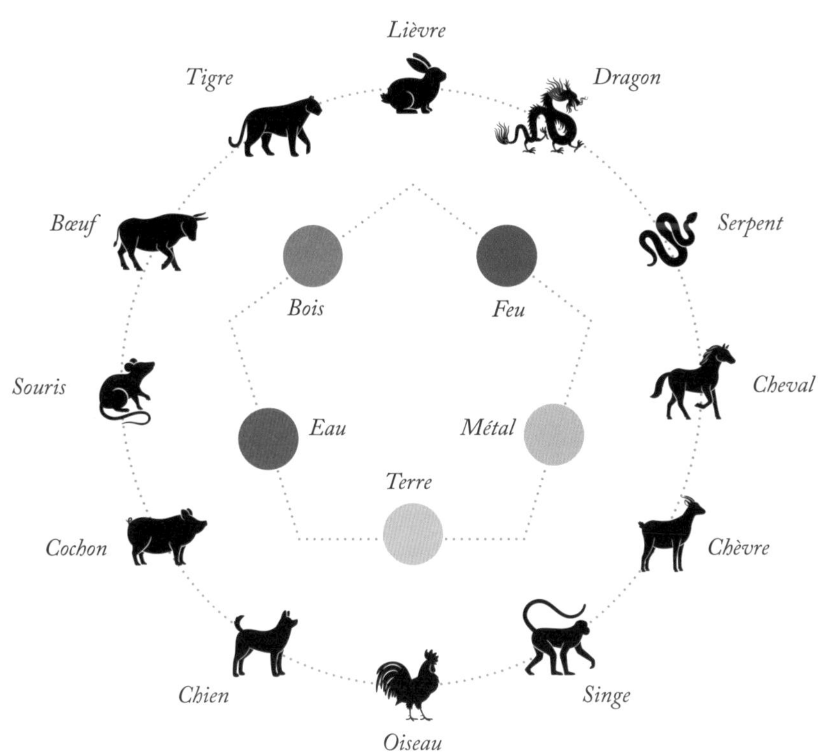

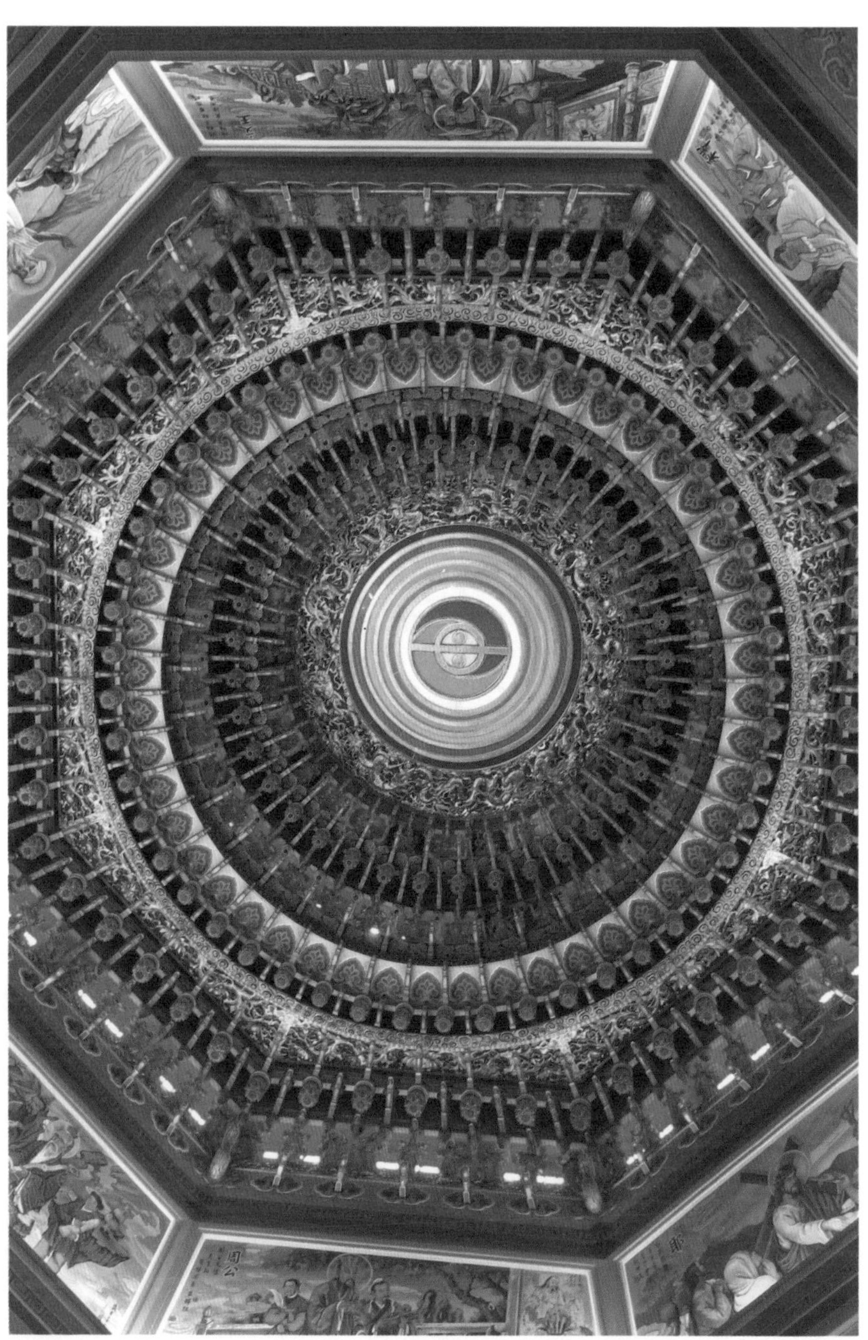
周公

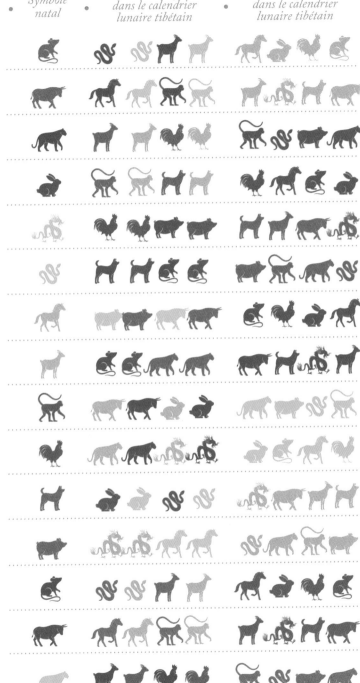

Date de naissance	Symbole natal	Vos meilleurs jours dans le calendrier lunaire tibétain	Vos jours défavorables dans le calendrier lunaire tibétain
du 05/02/1924 au 02/22/1925 et du 03/03/1984 au 19/02/1985			
du 22/02/1925 au 12/02/1926 et du 20/02/1985 au 08/02/1986			
du 13/02/1926 au 03/03/1927 et du 09/02/1986 au 27/02/1987			
du 04/03/1927 au 21/02/1928 et du 28/02/1987 au 17/02/1988			
du 22/02/1928 au 09/02/1929 et du 18/02/1988 au 06/02/1989			
du 10/02/1929 au 28/02/1930 et du 07/02/1989 au 25/02/1990			
du 01/03/1930 au 17/02/1931 et du 26/02/1990 au 14/02/1991			
du 18/02/1931 au 06/02/1932 et du 15/02/1991 au 04/03/1992			
du 07/02/1932 au 24/02/1933 et du 05/03/1992 au 21/02/1993			
du 25/02/1933 au 13/02/1934 et du 22/02/1993 au 10/02/1994			
du 14/02/1934 au 03/02/1935 et du 11/02/1994 au 01/03/1995			
du 04/02/1935 au 22/02/1936 et du 02/03/1995 au 18/02/1996			
du 23/02/1936 au 11/02/1937 et du 19/02/1996 au 07/02/1997			
du 12/02/1937 au 02/03/1938 et du 08/02/1997 au 26/02/1998			
du 03/03/1938 au 19/02/1939 et du 27/02/1998 au 16/02/1999			

Année de naissance	*Symbole natal*	*Vos meilleurs jours dans le calendrier lunaire tibétain*	*Vos jours défavorables dans le calendrier lunaire tibétain*
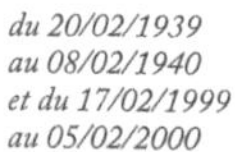 *du 20/02/1939 au 08/02/1940 et du 17/02/1999 au 05/02/2000*			
du 09/02/1940 au 26/02/1941 et du 06/02/2000 au 23/02/2001			
du 27/02/1941 au 15/02/1942 et du 24/02/2001 au 12/02/2002			
du 16/02/1942 au 04/02/1943 et du 13/02/2002 au 02/03/2003			
du 05/02/1943 au 23/02/1944 et du 03/03/2003 au 20/02/2004			
du 24/02/1944 au 12/02/1945 et du 21/02/2004 au 08/02/2005			
du 13/02/1945 au 03/03/1946 et du 09/02/2005 au 27/02/2006			
du 04/03/1946 au 20/02/1947 et du 28/02/2006 au 17/02/2007			
du 21/02/1947 au 09/02/1948 et du 18/02/2007 au 06/02/2008			
du 10/02/1948 au 27/02/1949 et du 07/02/2008 au 24/02/2009			
du 28/02/1949 au 16/02/1950 et du 25/02/2009 au 13/02/2010			
du 17/02/1950 au 06/02/1951 et du 14/02/2010 au 04/03/2011			
du 07/02/1951 au 25/02/1952 et du 05/03/2011 au 21/02/2012			
du 26/02/1952 au 13/02/1953 et du 22/02/2012 au 10/02/2013			
du 14/02/1953 au 14/03/1954 et du 11/02/2013 au 01/03/2014			

Année de naissance	Symbole natal	Vos meilleurs jours dans le calendrier lunaire tibétain	Vos jours défavorables dans le calendrier lunaire tibétain
du 05/02/1954 au 22/02/1955 et du 02/03/2014 au 18/02/2015			
du 23/02/1955 au 11/02/1956 et du 19/02/2015 au 08/02/2016			
du 12/02/1956 au 01/03/1957 et du 09/02/2016 au 26/02/2017			
du 02/03/1957 au 18/02/1958 et du 27/02/2017 au 15/02/2018			
du 19/02/1958 au 07/02/1959 et du 16/02/2018 au 04/02/2019			
du 08/02/1959 au 26/02/1960 et du 05/02/2019 au 23/02/2020			
du 27/02/1960 au 15/02/1961 et du 24/02/2020 au 11/02/2021			
du 16/02/1961 au 04/02/1962 et du 12/02/2021 au 02/03/2022			
du 05/02/1962 au 23/02/1963 et du 03/03/2022 au 20/02/2023			
du 24/02/1963 au 13/02/1964 et du 21/02/2023 au 09/02/2024			
du 14/02/1964 au 03/03/1965 et du 10/02/2024 au 28/01/2025			
du 04/03/1965 au 20/02/1966			
du 21/02/1966 au 09/02/1967			
du 10/02/1967 au 28/02/1968			
du 29/02/1968 au 16/02/1969			

Année de naissance	*Symbole natal*	*Vos meilleurs jours dans le calendrier lunaire tibétain*	*Vos jours défavorables dans le calendrier lunaire tibétain*
du 17/02/1969 au 06/02/1970			
du 07/02/1970 au 25/02/1971			
du 26/02/1971 au 14/02/1972			
du 15/02/1972 au 04/03/1973			
du 05/03/1973 au 22/02/1974			
du 23/02/1974 au 11/02/1975			
du 12/02/1975 au 29/02/1976			
du 01/03/1976 au 18/02/1977			
du 19/02/1977 au 07/02/1978			
du 08/02/1978 au 26/02/1979			
du 27/02/1979 au 16/02/1980			
du 17/02/1980 au 04/02/1981			
du 05/02/1981 au 23/02/1982			
du 24/02/1982 au 12/02/1983			
du 13/02/1983 au 02/03/1984			

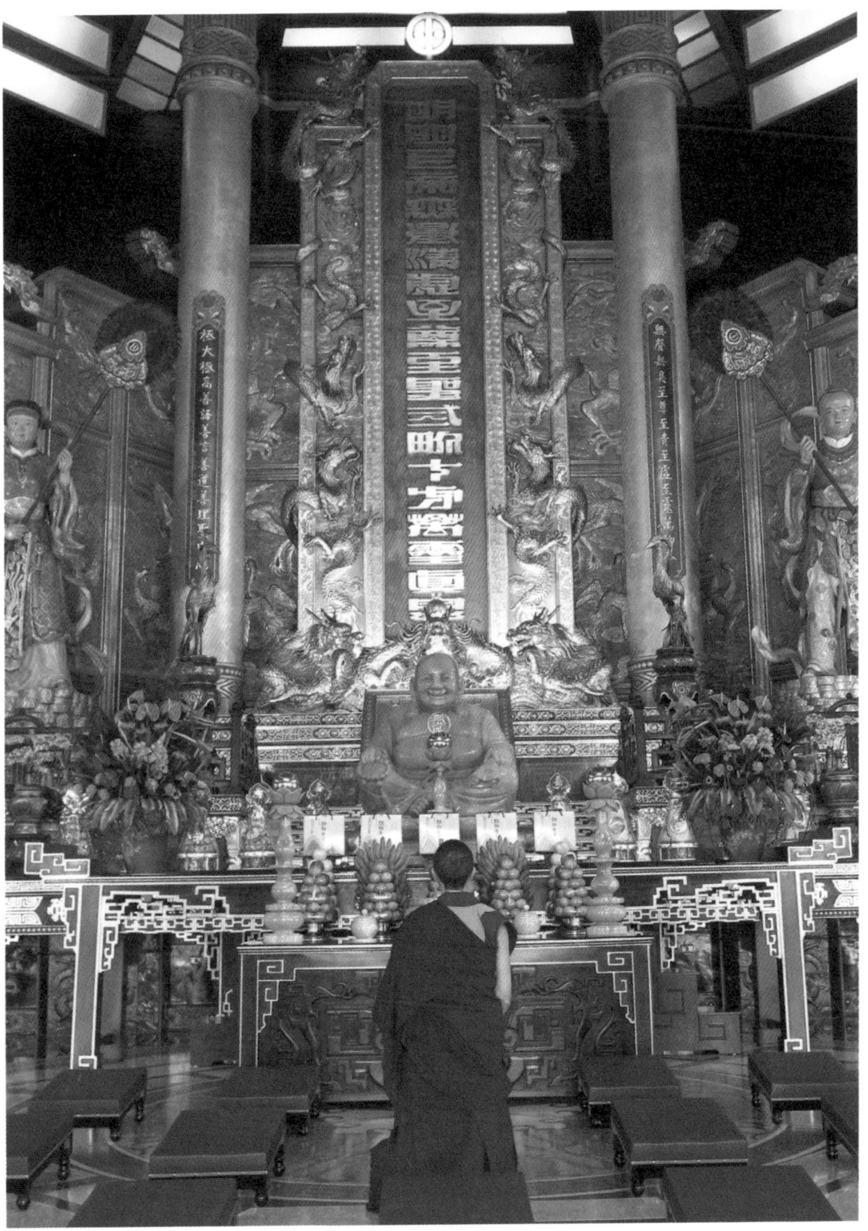

Les célébrations liées au calendrier tibétain

Le jour des Dakinis

Chaque mois, le calendrier tibétain indique la fête d'un bouddha célébrée par un rituel au cours duquel une pratique de méditation et de prière est associée. Le 25e jour du mois lunaire est consacré aux Dakinis. Qui sont-elles ?

Selon la mythologie tibétaine, les Dakinis sont des consciences éveillées qui se manifestent sous une forme féminine dans le but de soutenir les pratiques spirituelles des disciples fervents et les aider à progresser. Les Tibétains sont très attachés aux rituels et aux célébrations des représentations divines qui font partie de leur quotidien. Les Dakinis se présentent dotées d'un corps gracieux aux mouvements dansants, l'expression de leur visage est empreinte d'autant de douceur que de férocité. Elles foulent à leurs pieds un cadavre humain symbole de destruction de l'orgueil et de la vanité. Elles détiennent des secrets spirituels et des pouvoirs magiques, dont celui de voler dans l'espace. Leur présence est prétexte à la découverte des infinies possibilités de l'esprit des pratiquants spirituels à progresser vers la lumière de l'ultime compassion et sagesse contenues en chacun.

Le Tsok

La culture asiatique privilégie la pratique des offrandes comme étant l'une des plus importantes actions spirituelles destinée à rassembler les mérites nécessaires à une progression sur le chemin vers l'éveil. Il s'agit de présenter autant d'offrandes matérielles dites extérieures : lumières, fleurs, fruits, argent, que d'offrandes intérieures, prières, méditations, générosité exprimée envers ses semblables, efforts pour devenir meilleur au quotidien. Dans les temples, cette pratique s'effectue conjointement avec la lecture d'une *sadhana* (livret spirituel). Dans la vie ordinaire, la pratique de la générosité est considérée comme la réunion d'un potentiel d'abondance illimité si la personne qui offre est dénuée d'attachement et d'attente à un retour vers elle-même.

Puja des Protecteurs

Considéré comme le plus précieux des trésors sacrés, l'enseignement du Bouddha est placé sous la garde d'entités symboliques à l'aspect effrayant. On les appelle les Protecteurs du Dharma. Ils représentent l'apparence courroucée de l'amour-compassion d'un bouddha. Cet aspect terrifiant est l'expression manifestée d'une volonté implacable à éliminer en soi les tendances négatives qui font obstacle au bonheur d'exister. Cette volonté chez un pratiquant réclame beaucoup de patience et d'endurance face aux difficultés rencontrées pour se perfectionner. Un support très puissant devient nécessaire, c'est le rôle du Protecteur. Les Protecteurs ne sont donc pas des démons, mais des émanations de compassion et de sagesse des bouddhas. Une *puja* consiste en une grande célébration rituellique rassemblant des offrandes d'encens, de lumières et de fleurs adressées à leur intention les jours indiqués, ponctuées par la pratique d'une sadhana spéciale dans le but de s'attirer leur protection.

Pratique de Tara

Dans son aspect ultime, un bouddha est un fragment de la conscience universelle. Toutes les cultures ont leur bouddha revêtant des apparences et des noms différents, mais l'essence subtile de leur conscience est la même dans l'unité qui les rassemble, on dit qu'elle est « divine ». Le panthéon bouddhiste fourmille de représentations symboliques propres à mettre en évidence les qualités et les vertus qui doivent être acquises pour atteindre l'éveil et ne plus avoir à souffrir. Tara est l'une des plus familières expressions féminines de l'amour-compassion d'un bouddha. Elle est spécialement vénérée par tous les Tibétains laïques ou religieux, parce qu'elle est considérée comme une mère qui protège ses enfants des dangers de la peur et du manque de courage pour faire face aux défis de l'existence. On peut tout demander à Tara, qui vient au secours de ceux qui l'invoquent à son jour.

L	M	M	J	V	S	D
1	2	3	4	5	6	7
8	9	10	11	12	13	14
15	16	17	18	19	20	21
43	23	24	25	26	27	28
29	30	31				

Janvier

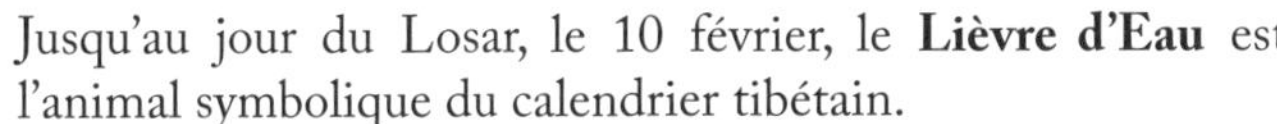

Jusqu'au jour du Losar, le 10 février, le **Lièvre d'Eau** est l'animal symbolique du calendrier tibétain.

Ce mois de janvier débute sous le signe du **Tigre de Feu** jusqu'au 11, puis change à partir du 12 janvier en **Lièvre de Feu**, qui augure une période assez mitigée entre bons et mauvais jours.

Les meilleures dates pour prendre des décisions sont **les 10, 12, 13, 15, 17, 22 et 24 janvier**, en combinaisons Terre-Terre, Eau-Eau et Eau-Terre, excellentes pour apporter le bonheur, assurer la vitalité et atteindre les objectifs.

Le double élément Eau se retrouve **les 15, 17 et 24** : il favorise la pratique de rituels pour assurer une longue vie. C'est une combinaison du nectar qui engendre investissements et engagement.

En revanche, **les 1er, 3, 8, 19, 28, 29 et 31**, le Feu arrête l'Eau, et par conséquent, il n'est pas conseillé de commencer de nouveaux projets.

Un jour sur deux, **entre le 9 et le 18**, alternent des moments positifs et des périodes plus difficiles. Bien choisir son jour !

D'autres excellentes combinaisons **les 2, 4, 7, 21, 23, 25 et 30 janvier**, dites du progrès, du perfectionnement et de l'énergie, sont propices à favoriser un niveau de vie, voyager ou déménager, et passer à l'action.

L'année 2024 aligne 12 pleines Lunes et 13 nouvelles Lunes, car le mois de décembre compte deux nouvelles Lunes.

N'oublions pas nos offrandes les jours de joie et de lumières, d'amour et de compassion !

Janvier

1er lundi
Jour de l'An

Donner et recevoir, un même élan de lumière partagé pour cette nouvelle année.

08:48 17:00

2 mardi

Si la lumière temporelle finit toujours par s'éteindre, celle du rayonnement spirituel demeure à jamais. Confiance !

08:48 17:01

3 mercredi

Étudier, intégrer et appliquer sont les trois clés de progression vers l'Éveil.

08:48 17:02

4 jeudi

Le passage d'une année à l'autre se prépare en déployant les ailes de la libération et du renouveau. Se délester du passé pour renaître à soi-même.

08:47 17:03

5 *vendredi*

Pour prendre de la « hauteur », s'asseoir et méditer le plus grand que soi.

08:47 17:04

6 *samedi*

Épiphanie

Quand par la grâce contemplée, les émotions sont apaisées, le chemin vers l'Éveil peut alors commencer.

08:47 17:05

Jour des Dakinis, Tsok de Vajra Yogini

7 *dimanche*

En la multiplicité, la splendeur de l'unité.

08:47 17:06

La géométrie sacrée (1)

En tant que temple de l'Esprit divin, le corps humain est la plus noble représentation de la géométrie sacrée universelle. Les muscles, les tendons et les os constituent la matière solide et lourde, référente à l'élément Terre. Les fluides tels que le sang, la lymphe et les liquides vitaux sont associés à l'Eau. Le métabolisme régulateur de la température corporelle et du processus digestif dépend de l'élément Feu. Les mouvements des pensées, des sentiments et des émotions sont reliés à l'élément Air. Le cinquième élément, l'Espace, permet à chaque organe et ses fonctions de trouver leur place dans le corps.

Janvier

8 lundi

Rien n'est plus précieux qu'un cœur en or.

08:46 17:08

9 mardi

Vivre en amour avec tous les êtres de la Création, c'est s'assurer de vivre heureux.

08:46 17:09

10 mercredi

Se relier à l'immensité, c'est trouver en soi la pure nature de Bouddha.

08:45 17:10

Puja des Protecteurs

11 jeudi

Faire de sa vie un océan d'amour et de paix.

08:45 17:11

Nouvelle Lune, célébration du Bouddha Shakyamuni avec de nombreuses offrandes de lumières

12 *vendredi*

L'Éveil est cet instant présent ouvert et disponible immédiatement.

08:44 17:13

13 *samedi*

Ne pas se laisser prendre par les lumières du monde, seul l'éclairage de la conscience illumine le chemin.

08:44 17:14

14 *dimanche*

Quand l'esprit est tourné vers la paix immuable, rien ne saurait plus le troubler.

08:43 17:15

La géométrie sacrée (2)

Cinq éléments de la nature pour faire un corps humain inscrit au registre de la vie. Une figure géométrique, par sa forme devenue sacrée, émane la grâce de l'esprit qui l'anime. Des symboles, des fréquences vibratoires sont autant de voies d'explorations propices à notre progression sur les chemins d'évolution de l'existence. En acceptant de voir la vie comme le grand jeu de l'énergie, nous entrons consciemment dans l'intimité de ses subtilités. C'est alors que les formes se transforment en couleurs, les sons deviennent les courants porteurs des lignes et des courbes. Enfin, nous comprenons le message qui nous est adressé : nous sommes les architectes de notre propre univers !

Janvier

15 lundi

Ni bougies ni statues,
le temple est à l'intérieur de soi.

08:42 17:17

16 mardi

La sagesse, c'est la connaissance liée à l'expérience.

08:41 17:18

17 mercredi

Prier, méditer, contempler,
remplacer le trop-plein de bruits dans la tête
par le silence doré des pensées apaisées.

08:41 17:20

18 jeudi

Ne pas attendre d'être arrivé au bout
du chemin pour reconnaître la Lumière.
Mieux vaut s'y préparer dès à présent.

08:40 17:21

19 vendredi

Le rêve est un voyage au fond de la conscience, où chaque nuit l'on parcourt les chemins inconnus de nos multiples vies.

08:39 17:23

Jour du Bouddha de médecine, pratique de Tara

Offrandes de lumières

20 samedi

Dans un souffle qui compte les mesures du temps, l'oiseau-âme inspire la fleur de vie et expire l'instant de son joyeux envol.

08:38 17:24

21 dimanche

Il n'y a jamais d'ombres sans lumière. En prendre conscience, c'est faire un choix !

08:37 17:26

Jour de Padmasambhava, pratique de Tsok

La géométrie sacrée (3)

Qu'il s'agisse de l'aspect physique d'un être, d'un objet, d'un paysage ou d'une construction en général, tous possèdent une apparence dissimulant un visage intérieur, celui de leur réalité. Selon l'énergie qui l'anime, ce visage prend une forme perçue agréablement à son approche ou tout le contraire. Quand on parle d'aspect lumineux, ce n'est pas tant qu'il brille, mais que sa dimension intérieure inspire un besoin de rapprochement qui fait naître des idées et des sentiments. Tout en ce monde se réalise d'abord géométriquement, les relations, les échanges, les assemblages… tous ont pour fondation une forme de base qui sert d'appui aux réalisations.

Janvier

22 lundi

Que ceux qui courent après les trésors de la vie sachent que le plus précieux est leur capacité à aimer.

08:36 17:27

23 mardi

Il est en nous des terres inconnues, dont les couleurs enchantent le cœur et illuminent l'esprit.

08:35 17:29

24 mercredi

Quel que soit le but, nous sommes le chemin.

08:34 17:31

25 jeudi

Par la méditation, des ondes d'amour et de paix se propagent en soi, autour de soi et bien loin au-delà.

08:33 17:32

Pleine Lune, Tsok des Bouddhas Amitabha et Tchenrézi

26 *vendredi*

Quand il fait gris dans l'esprit, prendre un bout de ciel bleu et l'inviter à danser.

08:32 17:34

27 *samedi*

Pour dépasser les nuages de l'anxiété, se laisser porter par plus haut, plus grand et plus fort que soi. Confiance !

08:30 17:35

28 *dimanche*

Pour s'épanouir, les fleurs ont besoin de la lumière du ciel. Nous aussi !

08:29 17:37

La géométrie sacrée (4)

Sous quelque aspect qu'il se présente, le « sacré » nous relie à la part la plus élevée de notre être. C'est en la subtile magie de la vie que nous trouvons les clés des portes de l'invisible rendu visible par les formes hermétiques de la géométrie sacrée. La curiosité attentive et la volonté de trouver font des chercheurs de trésors les découvreurs des richesses intérieures. Toute création provient de l'intention mise en action par une détermination sans faille. Oui, le bonheur, la paix et la santé sont à notre portée, il faut juste savoir les solliciter ! La créativité est le plus sûr moyen d'accéder à l'énergie qui libère les champs de forces dont nous avons besoin pour nous réaliser.

L	M	M	J	V	S	D
			1	2	3	4
5	6	7	8	9	10	11
12	13	14	15	16	17	18
19	20	21	22	23	24	25
26	27	28	29			

Février

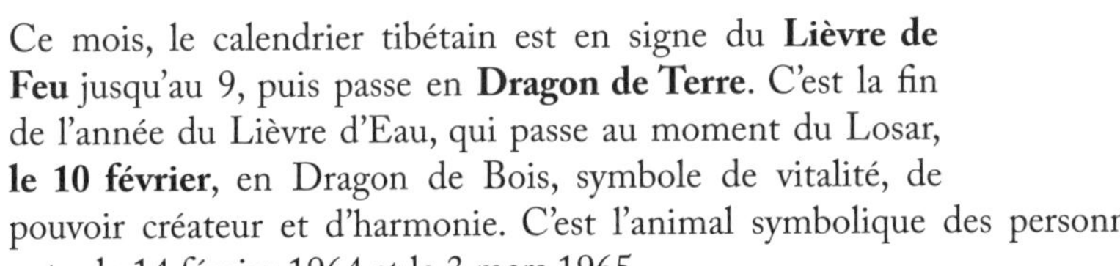

Ce mois, le calendrier tibétain est en signe du **Lièvre de Feu** jusqu'au 9, puis passe en **Dragon de Terre**. C'est la fin de l'année du Lièvre d'Eau, qui passe au moment du Losar, **le 10 février**, en Dragon de Bois, symbole de vitalité, de pouvoir créateur et d'harmonie. C'est l'animal symbolique des personnes nées entre le 14 février 1964 et le 3 mars 1965.

Le Losar, la plus importante fête populaire du Tibet, marque le premier jour de la nouvelle année. Il est célébré pendant quinze jours, jusqu'à la pleine Lune du **24 février**.

C'est une année bissextile, car le mois de février compte 29 jours, que l'on retrouve tous les quatre ans en raison de la révolution complète de la Terre autour du Soleil en 365,2422 jours. Une année calendaire comportant 365 jours, il est d'usage d'ajouter tous les quatre ans une journée supplémentaire, soit le 29 février, pour obtenir ainsi une année moyenne de 365,25 jours.

Ce mois est dans l'ensemble assez positif. Seuls deux jours aux alentours de la nouvelle Lune et de la pleine Lune, **les 11 et 26 février**, sont à éviter. Il est conseillé de reporter les projets.

À privilégier, **les 5, 12, 19 et 24**, en combinaison de la jeunesse Eau-Terre, pour apporter le bonheur et organiser des activités liées au plaisir telles que les fêtes, les mariages, les intronisations…

Les 7, 14 et 21 sont en combinaisons du nectar en Eau-Eau, favorable à la vie. **Les 9 et 10** sont placés en combinaison des obtentions Terre-Terre, jours très favorables pour tout ce que vous souhaitez.

Faites aussi confiance **aux 1er, 4, 13, 18, 20, 22, 25, 27 et 29 février** pour leurs bonnes combinaisons du progrès en Feu-Feu **(les 4, 13, 18, 25)**, du perfectionnement en Air-Air **(1er, 22, 29)** et de l'énergie en Feu-Air **(20, 27)**, qui favorisent la réussite, la puissance et l'action.

Janvier

29 lundi

À chaque inspiration, à chaque expiration, une communication invisible s'échange avec le souffle de l'énergie de la vie. Et l'âme se réjouit.

08:28 17:39

30 mardi

L'Univers répond aux besoins de ceux qui croient en Lui.

08:27 17:40

31 mercredi

On est sûr d'être protégé quand on prend refuge dans le cœur de l'amour inconditionnel.

08:25 17:42

1er jeudi

Pour mieux aimer les autres, apprendre à reconnaître ses propres qualités.

08:24 17:44

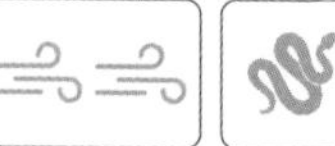

Février

semaine 5

2 *vendredi*

Chandeleur

*Au-delà des méthodes et du savoir,
c'est l'expérience qui permet de grandir.*

08:23 17:45

3 *samedi*

*La plus grande habileté dans la vie est
de garder son équilibre quoi qu'il arrive.*

08:21 17:47

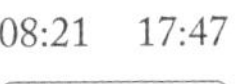

4 *dimanche*

*Bien qu'il soit notre complémentaire,
il n'est pas toujours chose aisée
de faire la paix avec son contraire.*

08:20 17:48

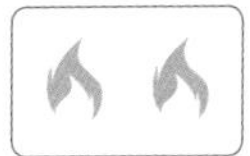

Jour des Dakinis, Tsok de Vajra Yogini

La géométrie sacrée (5)

Tout est vivant dans l'univers, toute forme exprime la vie de l'énergie dont elle est faite, et même ce que nous croyons inerte est en constant mouvement moléculaire. Mais nos yeux sont aveugles au-delà des approches ordinaires, et nos esprits fort limités au regard de l'immensité. Liés à l'ensemble du cosmos, nous sommes des éléments vibratoires en perpétuelle évolution. Et bien que l'on croie en l'absolu de notre identité individuelle, nous faisons partie du Grand Tout. En nous appliquant à élever nos vibrations, chacun de nous peut espérer réaliser ses rêves. Reliés à l'âme universelle, agissant de concert avec l'esprit sacré, les miracles se produisent.

Février

5 lundi

Quand la mémoire du temps explore l'univers des consciences, elle voit dans sa mesure celui qu'elle a perdu.

08:18 17:50

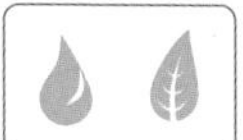 

6 mardi

Précieuse est la naissance du printemps qui accueille la douceur de l'air dans sa clarté prolongée.

08:17 17:52

7 mercredi

Il n'y a pas de mieux ni de moins bien, nous sommes tous en chemin absorbés dans la spirale de l'Éveil.

08:15 17:53

8 jeudi

Si tu cherches l'inspiration, cueille les étoiles et tu trouveras la Lumière.

08:13 17:55

Puja des Protecteurs

9 *vendredi*

Pour connaître la réalité,
il faut s'entraîner à rêver.

08:12 17:57

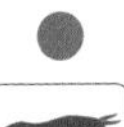

Nouvelle Lune, célébration du Bouddha Shakyamuni avec de nombreuses offrandes de lumières

10 *samedi*

Sur les chemins de la vie,
ne suivre que la voie du cœur.

08:10 17:58

Happy Losar !

11 *dimanche*

C'est dans la profondeur que
la beauté de l'âme aime à se déployer.

08:09 18:00

La géométrie sacrée (6)

L'être humain est le reflet du monde de ses pensées. Pour recevoir d'autres influences que celles de l'ego, il faut étudier les symboles qui, d'une manière ésotérique, expriment subtilement la vie. Langage de la nature, ils donnent les réponses que l'on doit savoir déchiffrer. À chacun une correspondance avec nos souhaits les plus communs ou les plus secrets. Hélas, nous sommes bien peu capables d'ouvrir en nous cet espace libéré de tous préjugés. Sans nous laisser dépasser par la multiplicité des images et des choses, il nous conduit sans difficulté aux abords de la Source, où se trouve la clé de tous les mystères.

Février

12 lundi

Les rêves ont des ailes
qui portent jusqu'aux cieux.

08:07 18:02

13 mardi

Mardi gras

Ouvrir son champ de vision,
c'est développer en soi cette capacité
à tout voir sans avoir à juger.

08:05 18:03

14 mercredi

Cendres

Dans l'océan de la conscience,
tous les rêves sont permis.

08:03 18:05

15 jeudi

Être à l'écoute du plus petit
pour entendre le plus grand en soi.

08:02 18:07

16 *vendredi*

La paix se porte à bout de bras dans l'effort et le lâcher-prise que l'on sait conjuguer à chaque instant du temps présent.

08:00 18:08

17 *samedi*

Quand les cristaux de glace s'accrochent aux fenêtres, l'esprit du froid aime geler l'instant de la beauté du geste.

07:58 18:10

Jour du Bouddha de médecine, pratique de Tara

Offrandes de lumières

18 *dimanche*

À chaque conscience sa vision des anges. À chaque planète ses lumières. À chacun de savoir reconnaître le divin dans sa diversité.

07:56 18:12

La géométrie sacrée (7)

La physique microvibratoire étudie l'incidence des ondes émises par les formes. Encore trop peu de personnes prêtent attention à l'influence des ondes de forme sur l'harmonie de l'habitat, ainsi que leurs répercussions sur la santé et le bien-être de ceux qui y vivent. Dérivée de la géométrie sacrée, l'architecture joue un grand rôle dans la répartition de l'énergie de la vie. Pour quelle raison ? Tout simplement parce que la géométrie des volumes exerce un pouvoir vital sur le comportement humain. Sensibles aux messages transmis, les cellules corporelles répondent en défense et en protection.

Février

19 *lundi*

Nous sommes un cosmos en miniature qui s'ignore… Chercher, c'est trouver.

07:55 18:13

Jour de Padmasambhava, pratique de Tsok

20 *mardi*

Le chakra du cœur est la résidence de cette pure énergie sacrée que l'on nomme le bonheur. À préserver.

07:53 18:15

21 *mercredi*

On reconnaît le bonheur spirituel au sourire intérieur du cœur, du corps et de l'esprit unis dans la joie d'exister à l'infini.

07:51 18:17

22 *jeudi*

Quelles que soient les couleurs du cœur, elles sont la source de tous les bonheurs.

07:49 18:18

23 *vendredi*

Tout est dans l'art d'ouvrir son regard sur la réalité de la vie.

07:47 18:20

24 *samedi*

Laisser au temps le pouvoir de voler dans le vent…

07:45 18:22

Pleine Lune, Tsok des Bouddhas Amitabha et Tchenrézi

25 *dimanche*

Chaque goutte d'eau détient une énergie détentrice du pouvoir de la vie. La consommation d'eau demande donc le plus grand respect.

07:43 18:23

La géométrie sacrée (8)

La science des connaissances ancestrales est basée sur les pratiques associées à la géométrie sacrée. Les mandalas et les yantras permettent d'entrer en communication avec les univers des dieux, en disposant d'une partie de leurs énergies pour officier spirituellement sur soi-même. Les dessins magiques exercent leur pouvoir pour purifier, dynamiser, éloigner ou rapprocher. La neutralisation des pollutions dues aux ondes des ordinateurs ou autres utilise les figures de la géométrie sacrée : les résultats sont toujours concluants quand on connaît les codes justes. Bien pratiqué, l'art des résonances est une baguette magique précise et infaillible.

Février

26 *lundi*

Au cours du voyage de la vie, mieux vaut savoir où l'on met les pieds…

07:41 18:25

27 *mardi*

Et dans un coquillage, contempler la beauté de tout ce qui est. C'est dans les choses les plus naturelles qu'apparaît le sourire de la vie.

07:39 18:26

28 *mercredi*

Les fluides qui émanent des mains des guérisseurs sont ceux qui viennent du cœur.

07:37 18:28

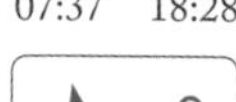

29 *jeudi*

Ne jamais tourner le dos aux difficultés, car c'est le meilleur moyen pour qu'elles nous suivent. Faire face sans trembler, animés par la confiance et l'énergie bienveillante de la vie.

07:35 18:30

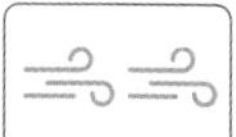

Mars *semaine 9*

1er *vendredi*

Tout change et se transforme au gré de nos croyances et de nos certitudes.

07:33 18:31

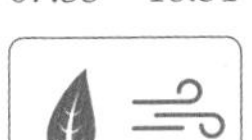

2 *samedi*

Passé, présent, avenir : tout se déroule à l'instant sans jamais s'interrompre. Une certitude dont nous doutons, et pourtant, tout est là sans mesure du temps.

07:31 18:33

3 *dimanche*

Par la nécessité d'un lâcher-prise fréquemment renouvelé, « l'instant papillon » remplit l'espace de notre esprit d'un courant libre et léger. À pratiquer !

07:29 18:34

La géométrie sacrée (9)

Archéologues, physiciens et chercheurs des ors sacrés de la Terre ont tous porté leur attention sur les phénomènes rattachés aux courants des ondes et des formes. Contre toute attente, les expériences scientifiques ou empiriques trouvent leur sens dans l'exercice de notre quotidien. En détectant les signaux émis par la géométrie sacrée dont dépendent la matière et l'antimatière, nous pouvons créer le monde dans lequel nous aimerions évoluer. Il faut avoir la foi et le courage de dépasser les limites des conventions, si on a la curiosité d'explorer les infinies possibilités de la réalité. Lorsque le matériel s'unit à l'immatériel, l'impossible devient possible.

L	M	M	J	V	S	D
				1	2	3
4	5	6	7	8	9	10
11	12	13	14	15	16	17
18	19	20	21	22	23	24
25	26	27	28	29	30	31

Mars

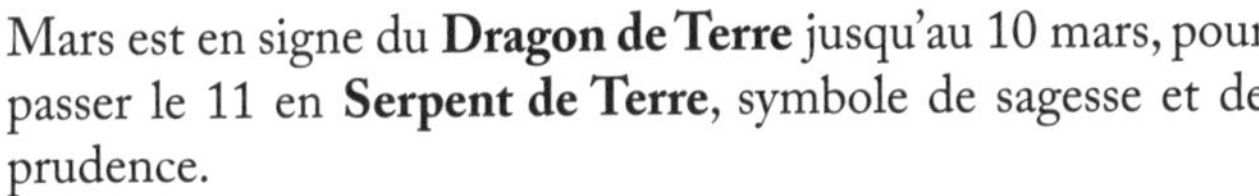

Mars est en signe du **Dragon de Terre** jusqu'au 10 mars, pour passer le 11 en **Serpent de Terre**, symbole de sagesse et de prudence.

Une période de combinaisons dites défavorables, **les 1er, 2, 5, 7, 10, 15, 16, 17, 18, 20, 23, 25, 27, 29, 30 et 31**, rythme ce mois. Ainsi, on assiste à huit jours en Terre-Feu **les 5, 10, 15, 16, 17, 23, 30, 31**, qui apportent la souffrance et peuvent causer des différends.

Le temps plus propice à la réflexion est ponctué de combinaisons d'énergie, de perfectionnement, d'obtentions, de nectar et de jeunesse, **les 3, 4, 6, 8, 9, 13, 14, 21, 22, 24, 26 et 28**. Tout est alors possible.

Choisir de préférence **les 6 et 13** pour leur double élément Eau-Eau, source de vitalité. Pratiquer des rituels ces jours pour s'assurer une longue vie. **Les 4, 9 et 22**, en Eau-Terre, la combinaison du nectar, favorable à la croissance de toute chose, est source de vitalité.

Le **8 mars** est un jour très propice, essentiellement dans les projets de construction et d'affaires, pour augmenter les activités. Vous atteindrez vos objectifs plus rapidement.

La prudence est recommandée, en unité Eau-Feu, **les 11, 12 et 19**.

La nouvelle Lune du **10 mars** donne l'occasion de se remettre en question pour renouveler et recentrer son énergie. Célébrons le Bouddha Shakyamuni avec de nombreuses offrandes de lumières.

La pleine Lune **du 25**, en éclipse lunaire partielle, doit servir pour mettre à profit de nouveaux projets.

Mars

4 lundi

La sagesse porte en elle l'âge de l'expérience qui a compris que le pouvoir de vie agit au nom de l'amour et du partage.

07:27 18:36

5 mardi

La méditation galactique est réservée à qui sait voyager en conscience dans les étoiles.

07:25 18:37

Jour des Dakinis, Tsok de Vajra Yogini

6 mercredi

Sur la plage de nos rêves, les notes du temps s'égrènent. À chaque jour suffisent ses instants d'espoir et de courage.

07:23 18:39

7 jeudi

Qu'importe les ailes pourvu qu'on ait l'élan !

07:21 18:41

8 vendredi

Réaliser l'accord parfait en plongeant ses racines dans la Terre corporelle pour les élever jusqu'au Ciel de l'esprit.

07:19 18:42

9 samedi

Glissant sur une fenêtre, tourbillonnant dans un flocon de neige ou méditant dans un verre, l'eau s'arrange toujours pour danser silencieusement.

07:17 18:44

Puja des Protecteurs

10 dimanche

C'est la saison des anges. Ils descendent pour aider les êtres à s'élever. Ne pas manquer de les recevoir.

07:15 18:45

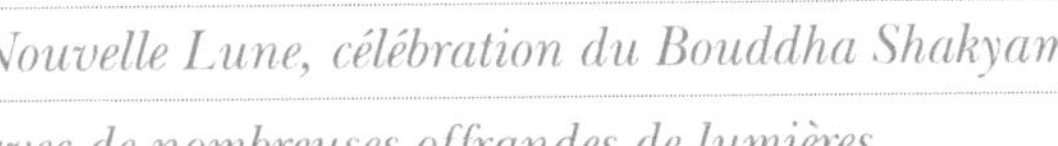

Nouvelle Lune, célébration du Bouddha Shakyamuni avec de nombreuses offrandes de lumières

La géométrie sacrée (10)

Les mathématiques constituent le langage secret de l'univers. D'elles émanent des sons, des couleurs et des formes. Elles exhalent un parfum propre aux dispositions de l'instant, elles soignent, guérissent et embellissent la vie. Pour qui n'apprécie pas les chiffres, elles parlent en d'autres termes, car leur musicalité enveloppe la Terre et nourrit le vivant. L'existence en elle-même tisse sa géométrie. Qu'il s'agisse du temps, de l'espace, du passé, du présent ou même du futur, tout est question de structures. Nos pensées et nos intentions sont des projections, rien n'est jamais ni commencé ni terminé, car tout se reproduit à l'infini dans un ordre parfait.

Mars

11 lundi

Quelle que soit la beauté du masque,
seule la vérité est belle à regarder.

07:13 18:47

12 mardi

Avoir « l'oreille céleste », c'est n'accepter
d'écouter que ce qui parle du bien et de la vérité.
Le reste n'est pas invité à entrer.

07:11 18:48

13 mercredi

Sans limites et sans dogmes,
le regard juste s'ouvre sur l'univers.

07:09 18:50

14 jeudi

C'est dans l'immensité
que l'on pêche les meilleures idées.

07:07 18:51

15 *vendredi*

De nuit comme de jour, il fait si bon marcher dans le ciel de l'inspiration.

07:05 18:53

16 *samedi*

Quand on est attentif au « sacré », d'incroyables beautés s'invitent aux détours des chemins de la vie.

07:03 18:54

17 *dimanche*

Rien ne nous est jamais dû, nous sommes plutôt redevables de tous les cadeaux de la vie, dont le premier est l'eau. Respect et gratitude !

07:01 18:56

Les symboles sacrés

Dépendants de la loi d'attraction qui régit toute l'organisation de notre univers humain, nous sommes conditionnés par ce qui provient de la source de nos pensées et de nos sentiments, mais pas seulement. Toute chose devenant autre à l'instant où sa fréquence se modifie, on peut imaginer que les événements et leurs conditions génèrent des émotions capables de transformer nos états d'être, mais également l'état des choses. C'est ce que l'on appelle l'impermanence. En présence d'un symbole, l'être et son environnement captent ses vibrations et réajustent les leurs à la hauteur de la fréquence que le symbole dispense.

Mars

18 *lundi*

À chacun sa manière d'offrir son cœur,
seul le geste compte !

06:58 18:57

Jour du Bouddha de médecine, pratique de Tara

Offrandes de lumières

19 *mardi*

Faire la paix dans son cœur
avec soi-même et le monde entier,
et se laisser danser…

06:56 18:59

20 *mercredi*

Printemps

Le maître-mot spirituel est « lâcher prise »,
oui, mais mieux vaut éviter de se lancer
sans le soutien des Guides de l'espace…

06:54 19:00

Jour de Padmasambhava, pratique de Tsok

21 *jeudi*

Artistes de nous-mêmes,
c'est par les gammes de nos pensées
que nous créons notre réalité.

06:52 19:02

22 *vendredi*

L'évolution spirituelle est l'ultime moyen de voyager corps-esprit dans l'espace intersidéral. Apprendre à méditer.

06:50 19:03

23 *samedi*

Quel que soit le désert, il y a toujours l'espoir d'un point d'eau quelque part.

06:48 19:05

24 *dimanche*

Rameaux

Au milieu des agitations et du bruit de la vie quotidienne, il est bon de veiller aux accords de l'esprit pour y créer une belle symphonie.

07:46 19:06

Les symboles sacrés : OM

« À l'origine était le Verbe, et le Verbe était Dieu. » La création issue de la volonté divine s'est exprimée par le son, dont la syllabe sacrée, ultime symbole de sa phénoménale expression, revient à définir son nom. La surpuissance du OM est dans la projection de sa force vibratoire, capable d'ébranler l'espace au point d'en faire jaillir les racines des souhaits divins. Même couchés sur une page d'écriture, les mots vibrent de leurs propres fréquences. La vie se parle autant qu'elle se chante, et le corps en exprime les formes quand il danse, répandant les fluides colorés que son aura diffuse. Nous sommes cette part sacrée issue de l'expression des souhaits divins.

Mars

25 *lundi*
Annonciation

Le plus souvent possible, s'offrir la grâce de l'enchantement et suivre son chemin.

06:44 19:08

Pleine Lune, Tsok des Bouddhas Amitabha et Tchenrézi

26 *mardi*

Qu'elle soit humaine ou animale, la communication est une histoire de cœur.

06:42 19:09

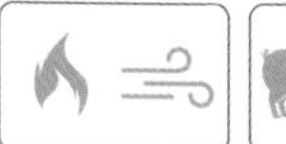

27 *mercredi*

Un regard discernant sur le monde matériel, un regard éclairé sur le monde spirituel, tel est notre équilibre.

06:40 19:11

28 *jeudi*
Jeudi Saint

C'est l'état d'être en amour et en vérité qui crée l'aura de Lumière en soi.

06:37 19:12

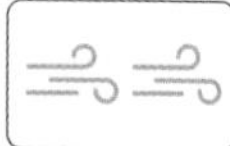

Avril

semaine 13

29 vendredi

Vendredi Saint

Je suis la pluie, je suis le vent, la lumière du temps, je suis l'ange des éléments.

06:35 19:14

30 samedi

C'est aux cœurs purs qu'il est donné de franchir le voile de la méconnaissance pour entrer en contact avec le monde enchanté de la réalité.

06:33 19:15

31 dimanche

Pâques

Changement d'heure (+1 h)

Telle la palette d'un peintre, l'aura vibre aux couleurs de nos émotions.

06:31 19:17

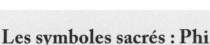

Les symboles sacrés : Phi

Illustration de la célèbre phrase « Tout ce qui est en haut est comme ce qui est en bas », le nombre d'or indique l'harmonie parfaite des proportions contenues dans tout et ses parties. On retrouve ce sens dans une autre manière d'exprimer le plus haut (l'universalité) en soi (l'individualité), le je/moi : Dieu est en moi, je suis en Dieu. Appelé nombre d'or, proportion dorée, ou encore divine proportion, le nombre Phi est découvert par le célèbre mathématicien Euclide (IIIe siècle av. J.-C). Mais c'est à Léonard de Vinci (XVe siècle) que l'on doit sa popularisation, grâce à *L'homme de Vitruve* (1490), représentation du corps humain qui respecte à la perfection les proportions du nombre d'or.

L	M	M	J	V	S	D
1	2	3	4	5	6	7
8	9	10	11	12	13	14
15	16	17	18	19	20	21
22	23	24	25	26	27	28
29	30					

Avril

Le signe de ce mois d'avril dans le calendrier tibétain est le **Dragon de Terre** jusqu'au 8, qui passe en **Cheval de Métal** le 9 avril.

Le **8 avril** est un jour exceptionnel, car une éclipse totale du Soleil par la Lune aura lieu, visible d'Amérique du Nord. Elle sera plus importante qu'en 2017, car elle durera 4 min (2 min 40 s en 2017). Il s'agit de la quinzième éclipse totale du XXIe siècle, et du dix-huitième passage de l'ombre de la Lune sur la Terre. Elle ne se verra pas depuis la France, et les Européens devront attendre 2026 pour assister à une nouvelle éclipse solaire totale sur leur territoire. Il est impératif de porter des lunettes spéciales ce jour-là. Ce **8 avril** est en combinaison Eau-Air, qui peut provoquer une discorde ou une séparation.

Les jours où la vitalité peut être amoindrie sont **les 4, 7, 10, 12, 20, 22, 24, 26 et 28**. Il est conseillé d'éviter d'entreprendre de nouveaux projets.

Bien heureusement, les périodes excellentes sont présentes tout au long du mois : en Terre-Eau, la combinaison de la jeunesse, pour apporter le bonheur **les 1er, 6, 19** ; en Terre-Terre, la combinaison des obtentions, **les 5, 13, 27** ; et en Eau-Eau, la combinaison du nectar, les **3, 15, 29**.

Les **11, 14, 16, 18 et 23**, tout en énergie positive Feu-Air, favorisent la réussite, la puissance et l'action.

Le 25e jour de chaque mois à compter de la nouvelle Lune est le jour des Dakinis et du Tsok de Vajra Yogini. Penser à des dons de fleurs, de fruits et de joie pour les célébrer **le 4 avril**.

La nouvelle Lune **du 8 avril**, en pleine vitalité, célèbre le Bouddha Shakyamuni. Profiter de ce renouveau pour faire de nombreuses offrandes de lumières.

La pleine Lune **du 23** en Feu-Air-Terre favorise la réussite, la puissance et l'action. La pratique de bienfaits des Bouddhas Amitabha et Tchenrézi, engendre une nouvelle énergie.

Avril

1er *lundi*

Lundi de Pâques

Toute puissante est la pensée malgré son invisible présence.

07:29 20:18

2 *mardi*

La légèreté d'être laisse les choses aller naturellement.

07:27 20:20

3 *mercredi*

Connectés à la Source, il n'y a rien à craindre.

07:25 20:21

4 *jeudi*

Nous ne sommes pas une personne qui a une âme, nous sommes une âme incarnée temporairement en une personne.

07:23 20:23

Jour des Dakinis, Tsok de Vajra Yogini

5 *vendredi*

Oser sa différence sans se préoccuper du regard du monde.

07:21 20:24

6 *samedi*

L'expérience de la foi, c'est voir les eaux de la vie s'écarter pour laisser place au rayonnement de la Lumière.

07:19 20:26

7 *dimanche*

Le pouvoir de l'attraction ? Savoir garder une petite pointe de mystère.

07:17 20:27

Puja des Protecteurs

Les symboles sacrés : la pyramide

Dotées du pouvoir de l'immortalité, les pyramides préservent la continuité de la vie dans tous ses aspects. Leur forme est dite sacrée dans le sens où elles captent et se relient aux rayons d'énergies cosmiques, tant au niveau des galaxies que des éléments vibratoires plus subtils. Selon les fondements spirituels de l'Égypte ancienne, la projection des ondes de forme qu'émettent les pyramides sert de chemin aux âmes des défunts en les invitant à rejoindre Râ, le dieu du soleil, pour trouver en son rayonnement la paix et le repos dus aux consciences qui méritent ce privilège. La pyramide de Khéops (IVe dynastie) est ainsi l'une des sept merveilles du monde.

Avril

8 lundi

La paix se porte à bout de bras dans l'effort et le lâcher-prise que l'on sait conjuguer à chaque instant du temps présent.

07:15 20:29

Nouvelle Lune, célébration du Bouddha Shakyamuni avec de nombreuses offrandes de lumières

9 mardi

C'est souvent dans les terres les plus arides que poussent les plus belles fleurs.

07:13 20:30

10 mercredi

Les âmes s'envolent comme les anges passent… Les pensées bleues les accompagnent vers la paix.

07:11 20:32

11 jeudi

L'évolution créatrice de bonheur passe par la compréhension du cœur qui sait donner le meilleur de lui-même.

07:09 20:33

12 vendredi

Dans les vapeurs du Ciel,
l'espoir de notre éternité.

07:07 20:35

13 samedi

Élever son cœur d'âme et dans le même élan, trouver le chemin de spirale qui conduit à l'Éveil.

07:05 20:36

14 dimanche

Le silence et la méditation sont
les garants de la paix du cœur.

07:03 20:38

Les symboles sacrés : les solides de Platon

Le monde planétaire dans lequel nous vivons repose sur les fondements vitaux induits par les cinq éléments de la nature : la Terre, le Feu, l'Eau, l'Air et l'Éther. Selon Platon, philosophe de la Grèce classique (428-348 av. J.-C.), les cinq éléments possèdent une forme spécifique à l'énergie qu'ils dégagent. À la Terre correspond l'hexaèdre (le cube) : 8 pointes, 12 côtés, 6 faces. Au Feu, le tétraèdre (la pyramide) : 4 pointes, 6 côtés, 4 faces. À l'Eau, l'icosaèdre : 12 pointes, 30 côtés, 20 faces. À l'Air, l'octaèdre : 6 pointes, 12 côtés, 8 faces. À l'Éther, le dodécaèdre : 20 pointes, 30 côtés, 12 faces. Tout l'univers en cinq solides !

Avril

15 lundi

La grâce est cette magie divine que l'on voit éclairer le regard de ceux qui croient en l'Esprit infini.

07:01 20:39

16 mardi

Prier, c'est se mettre en accord avec le meilleur de soi-même en vue d'atteindre une Lumière qui sera bénéfique à tous autant qu'en particulier.

06:59 20:41
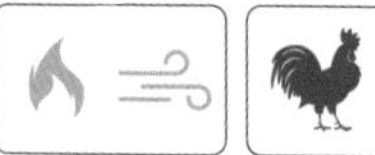

Jour du Bouddha de médecine, pratique de Tara

Offrandes de lumières

17 mercredi

Rien à cacher quand on possède la grâce de l'authenticité. Juste à danser avec la légèreté de la simplicité.

06:57 20:42

18 jeudi

Ce sont les hautes aspirations qui font se déployer nos ailes. Jolie lumière à tous dans le ciel de votre journée.

06:55 20:44

Jour de Padmasambhava, pratique de Tsok

19 vendredi
Dans l'univers de la conscience, savoir se connecter à son essentiel.
06:53 20:45
20 samedi
Les pensées bleues adoucissent la traversée des chemins de la vie.
06:51 20:47
21 dimanche
La communication authentique est celle qui s'effectue de cœur à cœur et d'âme à âme.
06:49 20:48

Les symboles sacrés : le chiffre 7

Dans la limite du temps imposée par la mesure de toutes choses, le chiffre 7 marque le processus de l'évolution. Il a fallu 7 jours au pouvoir divin pour créer le monde, on évoque 7 planètes majeures dans notre champ de connaissances, 7 étoiles de la Grande Ours, 7 « péchés » capitaux, 7 branches de l'arbre-chaman, 7 ordres angéliques, 7 chakras principaux, 7 plaies d'Égypte, 7 notes de la gamme diatonique, 7 couleurs de l'arc-en-ciel, 7 trompettes de l'Apocalypse, 7 faces du mont Méru, l'*axis mundi* (centre du monde), 7 méridiens principaux en médecine chinoise, etc. Le chiffre 7 sait donner, stimuler, ralentir et aussi retirer la vie.

Avril

22 lundi

Les nuages sont les soupirs des anges.

06:48 20:49

23 mardi

Semblables aux papillons, les illusions sont portées par le vent de tous les changements.

06:46 20:51

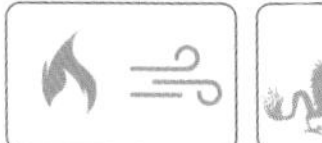

Pleine Lune, Tsok des Bouddhas Amitabha et Tchenrézi

24 mercredi

À qui cherche la paix,
l'amour est la récompense.

06:44 20:52

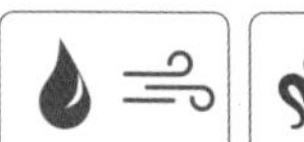

25 jeudi

Prier n'est autre qu'un acte d'amour,
un élan de gratitude, tout simplement.

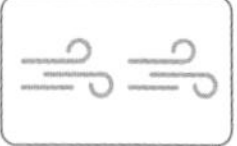

06:42 20:54

26 *vendredi*

L'œil de sagesse est celui qui n'observe et ne retient que le beau, le bon et le bien.

06:40 20:55

27 *samedi*

À chaque instant, la vie propose de prendre soin de quelque chose ou de quelqu'un.

06:39 20:57

28 *dimanche*

Avec amour, avec conscience, accueillir la vie et en recevoir ses bonheurs.

06:37 20:58

Les symboles sacrés : l'absolu divin

Pour désigner la source du pouvoir de vie, les hommes l'ont baptisée « Dieu » et les systèmes sectaires s'en sont emparés dans le but d'en faire un objet d'appartenance sacrée, réservé à l'unique autorité de ces institutions. Quels abus, quels crimes et quelles dérives se sont perpétrés au fil des temps au nom d'un sacré dont le « mystère » ne pouvait être dévoilé aux consciences ordinaires ! Mais il ne suffit pas de croire, car la foi saine repose sur l'expérience personnelle. Nous portons tous en nous un atome de la Source, sans lequel nous ne pourrions exister. Aujourd'hui, les symboles sacrés se présentent comme des révélateurs.

L	M	M	J	V	S	D
		1	2	3	4	5
6	7	8	9	10	11	12
13	14	15	16	17	18	19
20	21	22	23	24	25	26
27	28	29	30	31		

Mai

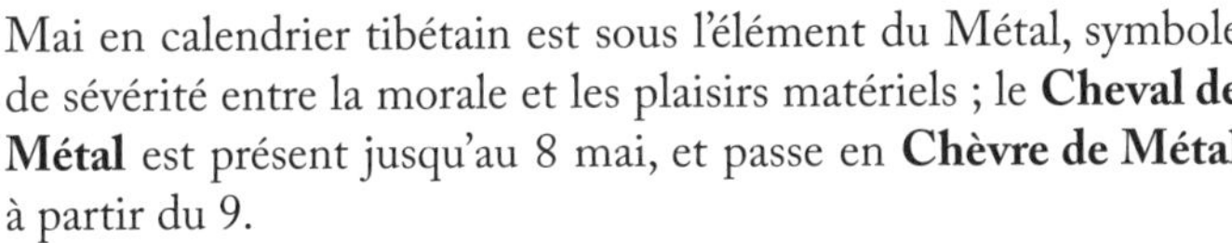

Mai en calendrier tibétain est sous l'élément du Métal, symbole de sévérité entre la morale et les plaisirs matériels ; le **Cheval de Métal** est présent jusqu'au 8 mai, et passe en **Chèvre de Métal** à partir du 9.

Ce mois est constitué d'autant de moments positifs que de moins bons, qui alternent d'un jour à l'autre.

Les meilleures combinaisons Terre-Terre, Eau-Eau et Terre-Eau sont fréquentes, au nombre de dix jours **les 1er, 2, 3, 4, 6, 11, 13, 25, 27, 29 et 31**, pour atteindre ses objectifs plus rapidement, pour s'engager durablement et pour apporter le bonheur. **Les 9, 12, 14, 19, 21 et 23**, jours de combinaison de l'énergie en Feu-Air, favorisent la puissance, l'action et la réussite.

Préférer l'attente contemplative et la réflexion **les 7, 15 et 28 mai**.

La nouvelle Lune **du 8 mai** est l'occasion de célébrer le Bouddha Shakyamuni avec de nombreuses offrandes de lumières.

La pleine Lune **du 23** célèbre Saka Dawa, le plus important des jours bouddhistes sacrés. Le quatrième mois tibétain fait toujours l'objet de célébrations. Au jour de la pleine Lune de ce mois, le Bouddha accomplit trois choses importantes : il est né, il a obtenu l'Illumination, et enfin, il est entré en Parinirvâna, à la fin de son existence terrestre.

Avril

29 *lundi*

Quand les ombres se tournent vers la Lumière, elles en reçoivent les bénédictions. C'est alors que commence la transformation.

06:35 21:00

30 *mardi*

La loi de l'abondance répond toujours à la générosité.

06:33 21:01

1er *mercredi*

Fête du travail

Voir au-delà des apparences le mystère de la réalité.

06:32 21:03

2 *jeudi*

La danse est un oiseau sauvage que le corps sait apprivoiser.

06:30 21:04

Mai

semaine 18

3 *vendredi*

La chamane est un oiseau de pouvoir
qui sous son apparence humaine
ne se sépare jamais de ses plumes.

06:29 21:05

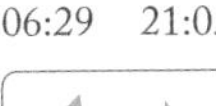

Jour des Dakinis, Tsok de Vajra Yogini

4 *samedi*

À chaque inspiration, à chaque expiration,
le souffle diffuse un flux de douceur
pour apaiser nos cœurs.

06:27 21:07

5 *dimanche*

Respirer en conscience est le moyen
de profiter des offrandes que la vie dépose
à tout moment en soi.

06:25 21:08

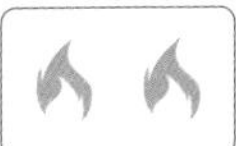

Les symboles sacrés : les corps subtils

Contrairement à ses certitudes, l'être humain ne possède pas qu'un revêtement corporel apparent et ne doit pas son existence qu'à la bonne marche et au bon ordre de ses fonctions vitales. Tout l'aspect grossier se situe dans la forme et dans son contenu immédiat, mais le mécanisme de la vie en soi est régi par les éléments des corps subtils, au travers desquels circule le fameux pouvoir de vie, sans lequel rien ne serait possible ni même envisageable. Lorsque nous sommes mis en présence de dessins, d'objets ou d'édifices sacrés, ce sont nos corps subtils qui perçoivent leurs fréquences vibratoires et peuvent s'y relier. À nous d'apprendre à nos sens à s'affiner.

Mai

6 lundi

Oser s'élancer dans l'éblouissement continuel de la vie spirituelle.

06:24 21:10

7 mardi

La bonté, la générosité et l'intégrité nous rapprochent des vibrations angéliques de l'aura des consciences supérieures.

06:22 21:11

Puja des Protecteurs

8 mercredi

Victoire 1945

Au pays de nos rêves, apprendre à traverser la vie avec la liberté qui donne un cœur léger et un esprit élevé.

06:21 21:12

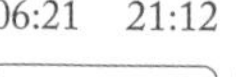

Nouvelle Lune, célébration du Bouddha Shakyamuni avec de nombreuses offrandes de lumières

9 jeudi

Ascension

Se promener en conscience dans la forêt, c'est se donner la chance de croiser l'Arbre-Esprit et de pouvoir le saluer.

06:19 21:14

10 vendredi
Quand on ouvre son regard intérieur,
les rêves en profitent pour danser.
06:18 21:15
11 samedi
Pour s'élever vers les plus hautes
sphères de conscience, il faut être porté
par le Guide d'Éveil intérieur.
06:16 21:17
12 dimanche
Courage et détermination ne suffisent
pas pour gravir la montagne,
il faut porter en son cœur l'amour
spirituel qui conduit au sommet.
06:15 21:18

Les symboles sacrés : la magie des lettres

Les mantras tibétains ou hindous sont toujours visualisés dans leur essence avant d'être récités, psalmodiés ou chantés. De même, les messages de Lumière gravés sur les murs des tombeaux égyptiens sont composés de lettres-symboles dénommées syllabes sacrées, imprimées dans la langue des dieux. On trouve des inscriptions de formules magiques dans certains papyrus ou transcrites sur des pierres, des métaux, du bois ou à même la terre. Les cultures anciennes rassemblaient les mots sacrés dans les formes d'une géométrie de puissance. Une manière ancestrale et secrète de rendre les mots actifs dans le sens que l'on souhaite.

Mai

13 *lundi*

La méditation contemplative sur la grâce infinie de l'esprit spirituel transforme le fauve indompté de l'ego en force d'amour et lumière de sagesse.

06:14 21:19

14 *mardi*

Prier, c'est élever sa conscience au niveau de la Lumière qui répare, qui soigne et qui parfois guérit.

06:12 21:21

15 *mercredi*

Dans chaque forêt, il est un Gardien qui veille. Le saluer avant d'entrer est la garantie d'une promenade hautement protégée.

06:11 21:22 

16 *jeudi*

Face à un mental agité d'un trop-plein de pensées, cultiver l'habitude d'honorer chaque jour, plus haut, plus beau et plus vrai que le seul intellect.

06:10 21:23

Jour du Bouddha de médecine, pratique de Tara

Offrandes de lumières

17 vendredi

*Au cœur des ombres de la nuit,
une porte de Lumière invite
à ne pas renoncer.*

06:09 21:25

18 samedi

*Tandis que le mental s'agite,
l'âme n'en finit jamais d'explorer
la vie en dansant.*

06:07 21:26

Jour de Padmasambhava, pratique de Tsok

19 dimanche

Pentecôte

*Quand on invoque les forces de Lumière,
elles forment un rempart protecteur
devant toutes les oppositions.*

06:06 21:27

Les symboles sacrés : ondes & vibrations

On reconnaît l'impact des symboles sacrés en mesurant les ondes propagées au travers de la matière physique. Il s'agit des ondes électromagnétiques qui passent au-delà de la matière et des ondes gravitationnelles identifiées par Einstein en tant qu'ondulations de l'espace-temps à la vitesse de la lumière. De nos jours, beaucoup de personnes se révèlent électrosensibles ou hypersensibles, sans trouver de recours capables de les stabiliser, hormis les précautions de base (non-exposition aux ondes les plus dangereuses, certains compteurs ou proches fréquences de masse). Se rapprocher de la géométrie sacrée est une possible solution.

Mai

20 lundi

Lundi de Pentecôte

Continuellement, le pouvoir créateur
tisse et déploie le nœud de l'infini.
Ainsi va la vie…

06:05 21:28

21 mardi

Dans tout accomplissement,
il est question d'élan.

06:04 21:30

22 mercredi

De l'espoir jaillit la vie.

06:03 21:31

23 jeudi

Et puis un jour… la Lumière !

06:02 21:32

Jour très propice à Saka Dawa : naissance, éveil et Parinirvâna du Bouddha Shakyamuni. Toutes les bonnes actions, les prières et les méditations pour l'amour et la paix produiront des bénéfices qui vous reviendront par milliers. Heureuse journée à tous !

Pleine Lune, Tsok des Bouddhas Amitabha et Tchenrézi.

24 vendredi

La détermination fait reculer les ombres les plus sombres et les obstacles tombent.

06:01 21:33

25 samedi

Moins on en dit, moins on se prête au désaccord.

06:00 21:34

26 dimanche

Fête des Mères

L'aspiration est cet élan qui permet de soutenir la volonté d'aller plus haut.

05:59 21:35

Les formes sacrées : le cercle

Forme cosmique, le cercle définit la vie. Tantôt il se fait contenant des lumières émanant des globes célestes solaire et lunaire, ainsi que de toutes les galaxies de l'univers, ou simple enveloppe des mondes cellulaires. Tantôt il montre le chemin d'évolution en polissant les pierres à force de les faire rouler sur les sentiers de montagne ou les plages qui bordent les océans. Le cercle inscrit son mouvement dans celui de l'éternité. Les oiseaux connaissent bien son pouvoir protecteur et sécurisant lorsqu'ils s'inspirent de sa forme pour installer leurs nids. Il est la première forme reconnue par la nature. Les saints ne s'y sont pas trompés en le choisissant pour leur auréole.

Mai

27 lundi

Pour la paix de l'esprit, il est conseillé de cultiver les beautés de la vie dans un jardin secret.

05:58 21:36

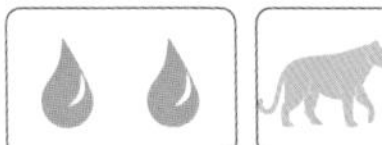

28 mardi

Quand une belle pensée s'élève dans l'espace, c'est une étoile de plus qui danse au firmament de la grâce.

05:58 21:37

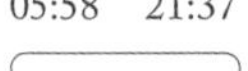

29 mercredi

Par la magie de l'esprit, de l'ombre jaillit la Lumière. Il suffit d'y croire et de le vouloir.

05:57 21:39

30 jeudi

Au ciel de la méditation, je choisis la plus belle étoile, celle du pardon.

05:56 21:40

31 *vendredi*

Dans le ciel de l'esprit,
tous les rêves sont permis.

05:56 21:41

1er *samedi*

La vérité est la paix de l'esprit
et la lumière du cœur.

05:55 21:41

2 *dimanche*

Inutile de s'agiter, le chemin spirituel
s'accomplit en son temps,
dans le calme et le recueillement.

05:54 21:42

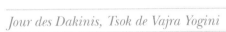

Jour des Dakinis, Tsok de Vajra Yogini

Les formes sacrées : le point

Forme réduite à l'infiniment petit, le point est la ponctuation du cercle dans l'expression de l'infiniment grand. Lorsque le point se trouve au centre du cercle, il marque le départ conduisant à l'inévitable aboutissement : d'où je viens – où je vais. Autour de lui, le perpétuel mouvement du cercle instruit le changement inhérent à la continuité de la vie. Le point possède le pouvoir de faire changer les choses, il interroge et porte à la réflexion lorsqu'il intervient en suspension, il affirme le tracé du point d'exclamation, repoussant tous les doutes en preuve de confiance ! Il marque l'arrêt ou la fin en ponctuant les phrases. Le point est par nature indispensable.

L	M	M	J	V	S	D
					1	2
3	4	5	6	7	8	9
10	11	12	13	14	15	16
17	18	19	20	21	22	23
24	25	26	27	28	29	30

Juin

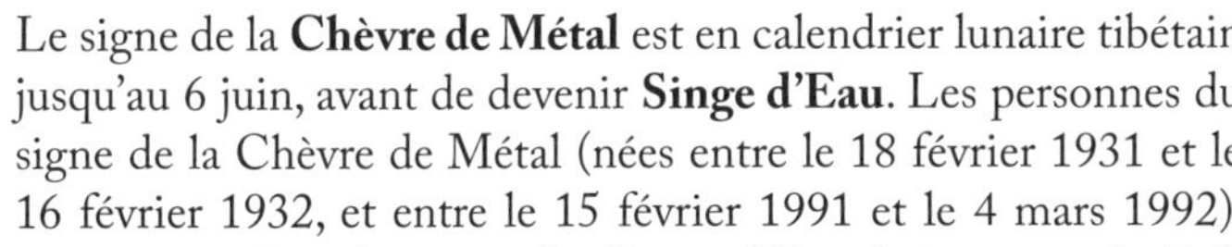

Le signe de la **Chèvre de Métal** est en calendrier lunaire tibétain jusqu'au 6 juin, avant de devenir **Singe d'Eau**. Les personnes du signe de la Chèvre de Métal (nées entre le 18 février 1931 et le 16 février 1932, et entre le 15 février 1991 et le 4 mars 1992), ainsi que celles du signe du Singe d'Eau (nées entre le 7 février 1932 et le 24 février 1933, et entre le 5 mars 1992 et le 21 février 1993) sont particulièrement concernées par ce mois.

Juin est sous une bonne influence **les 7, 21, 22 et 28**, en combinaison des obtentions Terre-Terre, positive pour tout. Voici donc quatre jours très favorables pour augmenter les activités et atteindre vos objectifs plus facilement.

Onze autres jours sont excellents ou favorables, en combinaisons du nectar **les 3, 12, 24**, de la jeunesse **le 26**, du progrès **le 11**, et de la force **les 4, 6, 13, 16, 18, 20**, favorisant la réussite, la puissance et l'action.

C'est un mois très équilibré en nombre de jours de combinaisons parfaites, qu'il faut savourer pour combattre les jours plus défavorables. Une bonne occasion pour méditer et transformer les énergies ou influences ressenties comme négatives sur soi en vitalité positive.

Faire particulièrement attention **les 2, 5, 9, 23 et 30**, jours marqués par la combinaison très néfaste Eau-Feu.

Donnons de la bienveillance à la pratique de Tara, divinité protectrice du Tibet.

La nouvelle Lune **du 6 juin** marque le quatre-vingtième anniversaire du Débarquement en Normandie, et convie à se nourrir plus sainement et à se consacrer à des travaux de jardinage. Apporter les couleurs rouge et orange autour de soi. En fleurs, elles accompagnent les rituels, les moments de fêtes et de pratiques. C'est l'occasion de célébrer le Bouddha Shakyamuni avec de nombreuses offrandes de lumières.

La pleine Lune **du 22** favorise l'apport de projets mûrement réfléchis.

Juin

3 lundi

*Sans devoir la chasser,
il est bon d'accueillir la nature sauvage
de notre être et de savoir la maîtriser.*

05:54 21:43

4 mardi

*L'aspiration est cet élan qui permet
de soutenir la volonté d'aller plus haut.*

05:53 21:44

5 mercredi

*La beauté du don est
dans l'élégance de sa pureté.*

05:53 21:45

Puja des Protecteurs

6 jeudi

*L'air contient des milliards de bulles qui
aiment à danser. À chaque inspiration,
à chaque expiration, la vie nous est donnée.*

05:52 21:46

Nouvelle Lune, célébration du Bouddha Shakyamuni
avec de nombreuses offrandes de lumières

7 *vendredi*

La vie est une plaque tournante où pour rester en équilibre, il convient de bien choisir la Lumière qui nous éclaire.

05:52 21:47

8 *samedi*

Avoir le cœur pour moteur et se laisser porter au-delà de la pesanteur.

05:52 21:47

9 *dimanche*

La clé d'or qui ouvre les portes de la libération est la légèreté d'être.

05:51 21:48

Les formes sacrées : les courbes & les spirales

Espiègles dans « l'âme », les courbes aiment jouer, danser et voltiger. Plus sérieusement, leur influence se démarque par le sens qui les trace. Soit elles inspirent l'élan gracieux de la pensée ou des prémisses de l'action, soit elles déploient leur nonchalance proche de la paresse ou du désintérêt. Parfois, elles forment un demi-cercle, préférant préserver le secret de l'autre part d'elles-mêmes. Quand on regarde une spirale, on doit prêter l'oreille et tenter d'entendre le message délivré par les voix sacrées de l'univers. À cet instant, il nous est dit : « Prends soin de toujours préserver le sens de ce pour quoi tu t'es engagé en premier. »

Juin

10 lundi

Élargir sa vision du monde et contempler l'au-delà de tous les horizons.

05:51 21:49

11 mardi

Arrivé au pied de la montagne, le pèlerin spirituel mesure l'étendue des efforts qui l'attendent encore. C'est une route de patience, de confiance et de persévérance…

05:51 21:49

12 mercredi

Le mouvement juste est dans l'alignement et la stabilité, quelles que soient les bourrasques du temps.

05:51 21:50

13 jeudi

En chaque être est la Terre tout entière, en chaque cœur bat celui de l'Humanité rassemblée.

05:51 21:50

14 *vendredi*

La vie est un voyage spirituel au cours duquel la joie est au soleil levant ce que la sagesse est au couchant.

05:51 21:51

Jour du Bouddha de médecine, pratique de Tara

Offrandes de lumières

15 *samedi*

L'ascension commence par l'entreprise du chemin qui mène à la montagne. Ne pas tenter d'échapper aux étapes.

05:51 21:51

16 *dimanche*

Fête des Pères

C'est en prenant de la hauteur que l'on rencontre les étoiles.

05:51 21:52

Jour de Padmasambhava, pratique de Tsok

Les formes sacrées : la spirale d'or

Si les humains doivent avoir recours aux mathématiques pour trouver le nombre d'or, il n'en est pas de même pour la nature. À savoir, le phénomène d'expansion manifesté depuis son point de départ, la poursuite de son développement dans la multiplicité de ses expressions individuelles, jusqu'à l'immanquable et fidèle retour à l'unité. La contemplation des coquillages, du cœur des plantes, du tronc des arbres, des cornes des animaux, des escargots, des empreintes des doigts humains, de l'enroulé et du déroulé des vagues, du nombre d'or. Ce qui devrait nous rapprocher des choses les plus simples, c'est le trésor d'une vérité non dissimulée.

Juin

17 lundi

L'âme en chacun éprouve le besoin de s'élever vers sa Lumière. À chaque instant, laisser la porte librement ouverte.

05:51 21:52

18 mardi

Si le monde des idées se trouve dans la tête, assurément les meilleures viennent du cœur.

05:51 21:52

19 mercredi

Élever tout son être, toutes ses aspirations, vers plus haut, plus grand et plus beau que soi, là est la protection, là est la progression.

05:51 21:53

20 jeudi

Été

En ce jour du solstice d'été, nous célébrons la fête de la Lumière spirituelle qui rayonne dans les cœurs et illumine les âmes. (Le solstice sera le 20 juin en 2024 et non le 21 comme d'habitude !)

05:51 21:53

21 *vendredi*

Réfléchir n'est pas s'endormir,
lâcher prise n'est pas se laisser aller.
Tout est question de vigilance.

05:51 21:53

22 *samedi*

Les plus belles offrandes sont celles que l'on porte secrètement dans son cœur et que l'on va donner sans se laisser nommer.

05:52 21:53

Pleine Lune, Tsok des Bouddhas Amitabha et Tchenrézi

23 *dimanche*

Si la foi déplace les montagnes,
la reconnaissance fait du cœur
le berceau de la joie.

05:52 21:53

Les formes sacrées : l'étoile

Il est toujours une étoile pour éclairer les nuits les plus obscures. Messagère de la vérité, elle indique sans tromper le bon chemin à ceux qui élèvent leur regard vers le Ciel. Il n'est pas un être en ce monde qui soit abandonné par son étoile, et c'est justement quand on perd ses repères qu'il convient de se tourner vers elle et de s'abandonner à sa guidance. Certaines sont la demeure des anges qui œuvrent pour le bien de la Terre. D'autres vivent dans les océans, elles sont un peu moins évoluées, mais tout autant actives envers les humains auxquels elles insufflent l'élan pour ne jamais renoncer à s'améliorer et le courage d'y arriver.

Juin

24 lundi

Ouvrir son esprit pour voir à l'infini
la réalité au-delà de toute apparence.

05:52 21:53

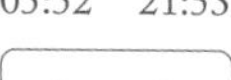

25 mardi

Les belles pensées et le cœur léger forment
un bouclier d'énergies protectrices
qui accompagnent le parcours
des chemins de la vie.

05:53 21:53

26 mercredi

L'ombre ne doit pas empêcher d'avancer,
il faut aller jusqu'au bout de la nuit
pour voir le jour se lever.

05:53 21:53

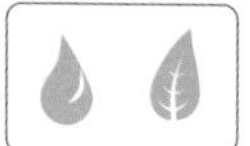

27 jeudi

L'Éveil est cet instant où l'amour
infiniment plus grand que tout absorbe
l'être que nous sommes pour en faire
un cœur de sagesse.

05:54 21:53

28 vendredi
La joie, quand elle est motivée
par les beaux élans du cœur,
est une énergie spirituelle nécessaire.
05:54 21:53
29 samedi
La méditation bleue est celle qui relie
aux vibrations de paix célestes et terrestres.
05:55 21:53
30 dimanche
Les projets ont besoin d'amour
et de confiance pour se réaliser.
05:55 21:53

Les formes sacrées : l'œuf

Structure géométrique parfaite, l'œuf condense en sa forme celles du Ciel et de la Terre en leur union sacrée. Sa pointe figure la voûte céleste faisant face à l'arrondi de sa base terrestre. Semblable au corps humain, sa coquille paraissant si fragile présente cependant une résistance extraordinaire. Par le germe qu'il contient, l'œuf fécondé est un projet d'avenir vivant, la promesse d'un futur qui remplit toutes les conditions de la vie. Son pouvoir vital est si puissant qu'il est utilisé pour régénérer l'énergie de la vie en cas de déficience et de certaines maladies. L'œuf est aussi une formidable leçon de vie, au sens où il démontre la victoire de la simplicité.

L	M	M	J	V	S	D
1	2	3	4	5	6	7
8	9	10	11	12	13	14
15	16	17	18	19	20	21
22	23	24	25	26	27	28
29	30	31				

Juillet

Le calendrier lunaire est en **Singe d'Eau** jusqu'au 5, puis passe en **Oiseau d'Eau**.

Un bon équilibre est à trouver ce mois-ci pour franchir huit jours de combinaison considérée comme néfaste **les 3, 8, 9, 10, 17, 21, 28 et 31 juillet**. Il est alors temps de méditer la contemplation des bonheurs à venir.

C'est aussi le mois du 14-Juillet, la fête nationale en France, et du lancement des Jeux olympiques, qui ont lieu du 26 juillet au 11 août, et jusqu'au 8 septembre pour les Jeux paralympiques.

C'est un mois bousculé par dix-neuf jours moins favorables que les douze jours très positifs. La combinaison de la jeunesse en Terre-Eau **les 6, 20, 22 et 27** est une période admirable pour organiser des activités liées au plaisir telles que les fêtes, les mariages, les intronisations…

Ces jours très bienveillants sont également couplés avec la combinaison du progrès, Feu-Feu, **les 2 et 30**, favorisant les dons de charité, la réussite dans les affaires, mais aussi l'assurance de bonnes récoltes en plantant des graines.

On assiste aussi en ce mois de juillet à la combinaison de l'énergie, Feu et Air, **les 7, 11, 14 et 16**, qui favorise la puissance et l'action.

Chökhor Duchen, le premier tour de la Roue du Dharma, soit le premier enseignement délivré par le Bouddha, est un jour sacré du bouddhisme. Il est célébré cette année **le 27 juillet**. Il a lieu le quatrième jour du sixième mois lunaire du calendrier tibétain.

Le 5 juillet est le jour de la nouvelle Lune, le moment où elle se trouve entre la Terre et le Soleil, non visible depuis la Terre.

La pleine Lune a lieu **le 21**, et l'énergie sera à son comble ; elle convie à ne pas se dépenser sans compter.

Juillet

1er lundi

Le rêve est une plongée dans l'océan de la conscience.

05:56 21:53

2 mardi

L'amour n'a qu'un seul langage entendu et compris par tout l'univers.

05:57 21:52

Jour des Dakinis, Tsok de Vajra Yogini

3 mercredi

La Lumière resplendit en ceux qui offrent la priorité à l'épanouissement de leur cœur.

05:57 21:52

4 jeudi

S'abreuver aux sources de la pure nature en écoutant la sagesse qui parle à nos âmes.

05:58 21:51

Puja des Protecteurs

5 *vendredi*

L'intention bienveillante est la clé de la porte du cœur.

05:59 21:51

Nouvelle Lune, célébration du Bouddha Shakyamuni avec de nombreuses offrandes de lumières

6 *samedi*

À chacun son rythme et sa mélodie, sa frénésie ou sa symphonie de vie.

06:00 21:51

7 *dimanche*

Qui cherche la Lumière la trouve en la conscience supérieure de son être.

06:01 21:50

Les formes sacrées : l'ammonite

Apparue à l'aube du monde, l'ammonite recèle la mémoire des temps. Toujours présente, toujours vivante, elle est un gage de la prolongation de la vie. C'est aussi en cela qu'elle semble si précieuse aux thérapeutes qui la mettent au service de la revitalisation des personnes qui les consultent, et parfois aussi des animaux et des plantes. Autrefois habitée par une créature préhistorique à présent disparue, la pierre abrite d'autres espèces. Possédant de multiples vertus, ce fossile naturel agit naturellement sur la santé physique et sur l'habitat. En médecine traditionnelle chinoise, elle est considérée comme une gemme de guérison.

Juillet

8 lundi

Devenir transparent au point que les arbres, les fleurs, la terre, le vent et le soleil viennent se regarder dans le miroir de l'être.

06:01 21:49

9 mardi

La vie n'est qu'un souffle. Profitons-en pour se laisser danser et… s'envoler.

06:02 21:49

10 mercredi

Le besoin le plus nécessaire est celui de rassembler le cœur du monde en le nôtre.

06:03 21:48

11 jeudi

Aucun pouvoir d'aucune sorte ne peut ôter la paix de l'esprit qui se maintient relié à la lumière de vérité.

06:04 21:47

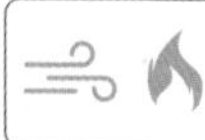

12 *vendredi*

Dans le cœur de chacun vit l'oiseau du bonheur. Les tendres pensées le font danser.

06:05 21:47

13 *samedi*

La lecture, c'est la sagesse en soi qui révèle son intelligence.

06:06 21:46

Jour du Bouddha de médecine, pratique de Tara

Offrandes de lumières

14 *dimanche*

Fête nationale

Entrer dans le meilleur de l'énergie de la vie en étant réceptif au beau et au bien sans se laisser submerger par ce qui est contraire.

06:07 21:45

Les formes sacrées : le labyrinthe

C'est le chemin initiatique de la vie et de la mort, la rencontre avec le connu et la surprenante aventure de l'inconnu. Cette forme évoque et stimule l'audace d'oser aller vers ce que l'on est, jusqu'à découvrir la vérité de sa réalité. Le labyrinthe est l'initiation à soi-même, le lieu où l'on entre sans certitude d'en ressortir indemne. C'est un chemin, un passage, un moment de la vie où il ne sert plus à rien de se retourner sur le passé, car il s'est effacé dans le tracé des lignes continues que l'on trouve sous ses pas, à l'infini. Le labyrinthe est le grand véhicule du jeu de l'existence, dont il faut apprécier le fait d'apprendre à savoir si l'on se trouve ou si l'on s'y perd.

Juillet

15 *lundi*

Pour rencontrer la douceur, plonger son regard au plus profond de son cœur.

06:08 21:44

Jour de Padmasambhava, pratique de Tsok

16 *mardi*

Plus souvent se laisser envelopper et bercer par l'incomparable douceur du cœur.

06:09 21:43

17 *mercredi*

Chaque matin au réveil et chaque soir au coucher, se connecter à l'essentiel. Entre les deux, ne pas l'oublier.

06:10 21:42

18 *jeudi*

Le plus précieux est cette lumière de l'esprit qui n'abrite aucune ombre.

06:12 21:41

19 *vendredi*

Le pouvoir appartient à l'ensemble, alors unissons-nous.

06:13 21:40

20 *samedi*

Chaque existence est un trésor unique.

06:14 21:39

21 *dimanche*

C'est en allant à la Source que s'ouvre le chemin qui mène à l'océan du cœur.

06:15 21:38

Pleine Lune, Tsok des Bouddhas Amitabha et Tchenrézi

Les formes sacrées : la goutte d'eau

Jaillissant de la source qui fait les océans, les fleuves et les rivières, la goutte d'eau n'aspire qu'à son retour à l'origine d'où elle se trouve extraite temporairement : tel est son message sacré. Nous comprenons cela lorsqu'une aspiration spirituelle nous pousse à retrouver la lumière de notre être profond. Qu'elle soit une larme roulant sur une joue triste ou l'une ou l'autre sœur jumelle de la pluie, la goutte d'eau ne laisse jamais indifférents ceux qui savent la contempler à sa juste valeur. Quantique et diamantine, elle ruisselle une abondance de messages qui répondent aux plus grandes interrogations. À son contact, chacun peut trouver le chemin de sa source éternelle.

Juillet

22 lundi

Pour être en paix, contempler la beauté.

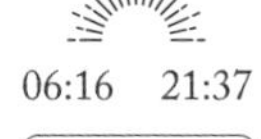

06:16 21:37

23 mardi

Quand le Ciel parle à la Terre,
il s'exprime en lumière.

06:17 21:36

24 mercredi

La puissance des symboles provient
du fait qu'ils sont vivants.

06:19 21:35

25 jeudi

Le cœur ne calcule pas ses élans,
il lâche prise et il improvise, il s'exprime
comme il est, en toute liberté.

06:20 21:33

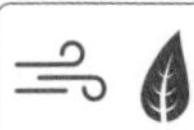  

26 *vendredi*

Le miracle de la vie est l'éclat de beauté de sa simplicité.

06:21 21:32

27 *samedi*

L'ancrage à la Terre favorise l'équilibre, la stabilité et le discernement. L'élévation de la conscience permet d'embrasser l'univers.

06:22 21:31

Chökhor Düchen, le « festival du tour de la Roue du Dharma »

28 *dimanche*

Pour enchanter son âme, avoir le cœur musical.

06:24 21:30

Les formes sacrées : le vortex

Terre mouvante, vague de fond, ciel sauvage, destructeur d'illusion, le vortex prend, absorbe, digère et renvoie les forces qui lui restent afin de mieux les rassembler pour tout recommencer. C'est le tourbillon, la turbulence d'une fréquence insaisissable, incontrôlable et imprenable, par laquelle seule l'intention désintéressée peut se laisser pénétrer sans se faire dévorer. Les vortex s'installent là où ils le choisissent, sans qu'une volonté humaine ne se manifeste. Ils n'obéissent qu'aux besoins fondamentaux de la vie, et nul n'est en mesure de juger la raison et le sens de leur intervention dans le monde matériel. À ceux qui osent l'harmonie, ils disent oui !

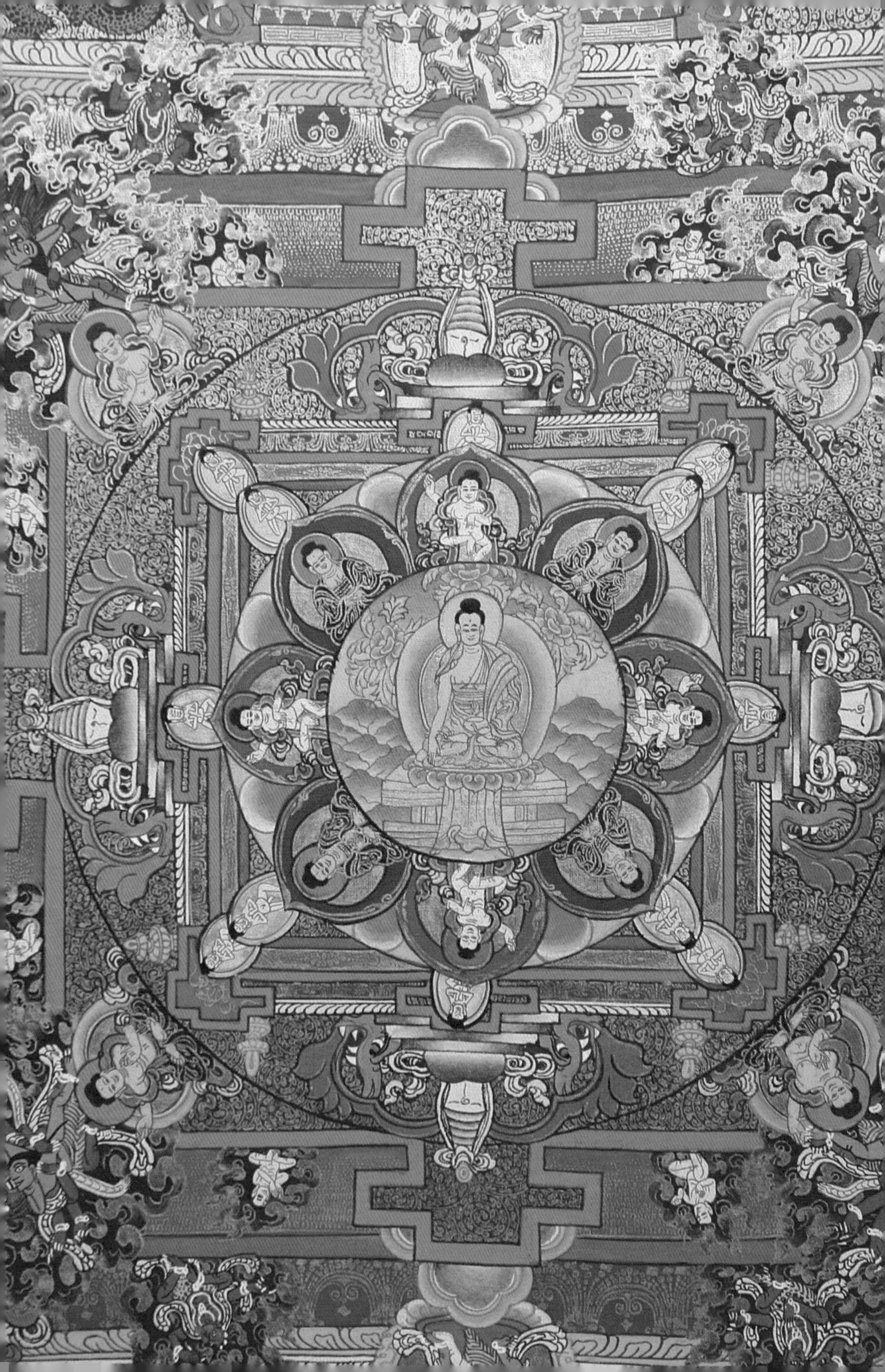

L	M	M	J	V	S	D
			1	2	3	4
5	6	7	8	9	10	11
12	13	14	15	16	17	18
19	20	21	22	23	24	25
26	27	28	29	30	31	

Août

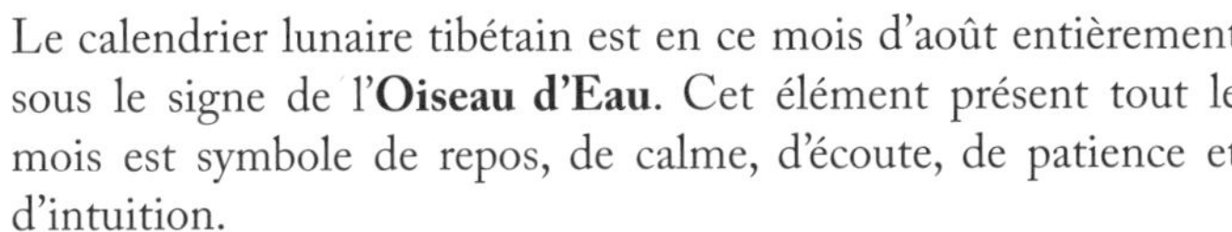

Le calendrier lunaire tibétain est en ce mois d'août entièrement sous le signe de l'**Oiseau d'Eau**. Cet élément présent tout le mois est symbole de repos, de calme, d'écoute, de patience et d'intuition.

Ce mois est marqué par dix-huit jours excellents et bons par leurs combinaisons. Ainsi, Eau-Terre, symbole de la jeunesse, se présente neuf fois, notamment **le 3**, jour du Puja des Protecteurs. On retrouve ce moment de bon augure **les 14, 17, 19, 21, 23, 24, 28 et 30**. Par ailleurs, la combinaison des obtentions Terre-Terre, **le 16**, est positive pour tout.

L'alliance Feu et Air **les 4, 8, 11, 22 et 25** favorise la réussite, la puissance et l'action. Que ces bons jours profitent à nos athlètes, en ces Jeux olympiques et paralympiques célébrés en France.

Modérer les ardeurs et privilégier la méditation contemplative durant les six jours en Terre-Air, **les 1er, 2, 9, 10, 15 et 31**, qui peuvent apporter une diminution des richesses. Apprenez à décaler autant que possible toute activité importante ou début de traitement, en raison d'un désaccord entre ces deux éléments. **Les 5, 6, 7, 18, 20 et 26**, en Feu-Eau, restent très défavorables pour la vitalité.

En revanche, **les 13 et 27** août sont particulièrement intéressants pour favoriser votre niveau de vie. C'est le moment de faire des dons de charité et de planter des graines.

Le 14 août, jour de Padmasambhava, pratique de Tsok, rappelle son importance en cette combinaison Terre-Eau qui favorise les activités liées au plaisir telles que les fêtes, les mariages, les intronisations...

La nouvelle Lune **du 4** célèbre le Bouddha Shakyamuni. Profitez-en pour faire de nombreuses offrandes de lumières.

La pleine Lune présente **le 19** apporte la revitalisation. Prendre le temps de méditer dans la nature et les grands espaces de cette fin d'été, afin de se ressourcer loin du tumulte.

Juillet

29 lundi

La plus belle expression de la vie
est la simplicité d'être.

06:25 21:28

30 mardi

Même les tempêtes les plus sombres
portent en elles l'espoir d'une éclaircie.

06:26 21:27

31 mercredi

Les plus jolis rêves sont ceux que l'on
dépose dans les bras des nuages.

06:28 21:25

Jour des Dakinis, Tsok de Vajra Yogini

1er jeudi

Chaque effort accepté sans colère
ni découragement allège
le fardeau de son karma.

06:29 21:24

Août

semaine 31

2 vendredi

Méditer, c'est faire la planche au milieu des étoiles.

06:30 21:22

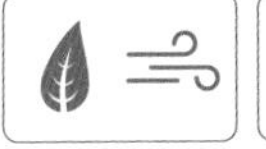

3 samedi

Ne jamais hésiter à libérer ses rêves, ils n'attendent que cela !

06:32 21:21

Puja des Protecteurs

4 dimanche

La vie passe comme un rêve. Le corps en est la barque et l'esprit joue des rames. Les pensées et les sentiments sont les maîtres à bord.

06:33 21:19

Nouvelle Lune, célébration du Bouddha Shakyamuni avec de nombreuses offrandes de lumières

Le langage sacré : le mantra

On parle beaucoup des mantras : on les récite, on les invoque, mais en général, on sait très peu de choses sur leur pouvoir sacré. Tous sont la personnalisation d'un élément divin transmis par le son et les syllabes subtiles qui les composent. Il y a trois façons de les pratiquer en les prononçant : à haute et intelligible voix, sans écorner les mots ; chuchotés à voix basse ; ou mentalement, en silence. D'une autre manière, on les écrit en étudiant précisément leur calligraphie, et on s'applique à les lire avec attention. Quel que soit le mode d'expression choisi, la concentration de l'esprit sur le sens de l'évocation est la clé de leur fonctionnement (à consulter : *Mantras sacrés*, de Lilou Macé).

Août

5 lundi

Pour attirer la Lumière,
il faut d'abord la faire briller en soi.

06:34 21:18

6 mardi

Surmonter le vertige pour garder
l'équilibre sur le fil de la vie.

06:36 21:16

7 mercredi

Dans le tourbillon de la vie,
la danse du cœur relève tous les défis
de la tristesse et de la peur.

06:37 21:15

8 jeudi

Relié à la puissance cosmique,
l'esprit humain reçoit toutes les forces
dont il a besoin. Confiance !

06:38 21:13

9 vendredi
Le secret pour être aligné ?
Embrasser l'univers dans son immensité.
06:40 21:11
10 samedi
Au théâtre de la vie, le lever de rideau
intervient quand on décide soi-même
de quitter l'ombre pour la lumière.
06:41 21:10
11 dimanche
Nous sommes la Terre, nous sommes
le Ciel, nous sommes l'immensité.
Pourquoi se limiter ?
06:43 21:08

Le langage sacré : la main de l'art

Imprévue, jaillissante, subtile et pénétrante, la main de l'art sacré se plaît à dessiner, à peindre et à enluminer le ballet féerique des formes et des couleurs qui, par leurs vibrations, donnent vie à l'espace. Des visages apparaissent, flottent quelques instants avant de s'effacer. Dans leurs yeux suppliants, arrogants ou pervers, c'est toutes leurs vies passées qui par la main de l'art continuent d'exister. Le geste sur la toile, le papier ou le bois n'est pas seulement inspiré au profit de l'émerveillement, sa mission non avouée est celle d'enseigner et d'aider les âmes à se dégager de la forme qu'elles ne revêtent plus.

Août

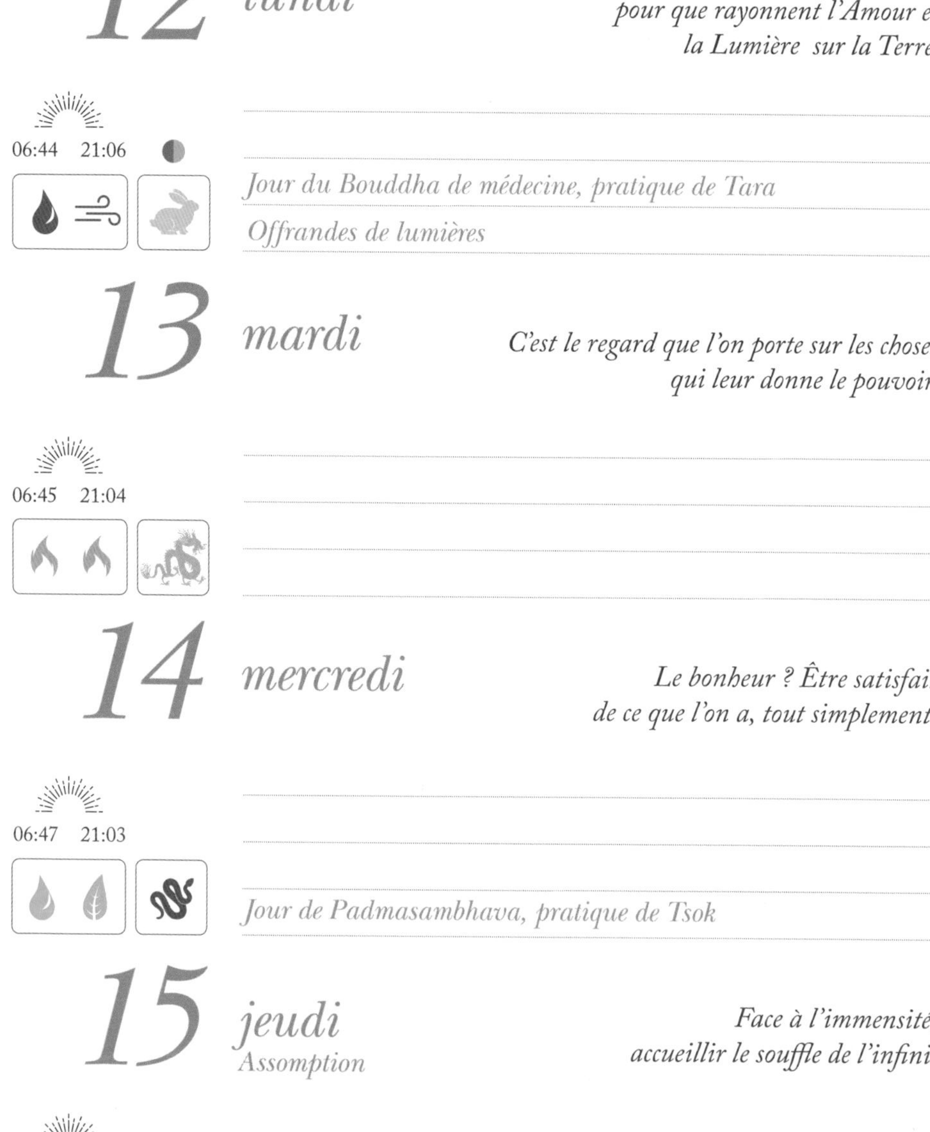

12 *lundi*

Méditer le cœur de Soleil en soi pour que rayonnent l'Amour et la Lumière sur la Terre.

06:44 21:06

Jour du Bouddha de médecine, pratique de Tara

Offrandes de lumières

13 *mardi*

C'est le regard que l'on porte sur les choses qui leur donne le pouvoir.

06:45 21:04

14 *mercredi*

Le bonheur ? Être satisfait de ce que l'on a, tout simplement.

06:47 21:03

Jour de Padmasambhava, pratique de Tsok

15 *jeudi*

Assomption

Face à l'immensité, accueillir le souffle de l'infini.

06:48 21:01

16 vendredi

La Lumière est la nature de l'âme.
S'élever vers elle est le sens de la vie.

06:50 20:59

17 samedi

Ne pas se laisser enchaîner à la peur,
le sens de la vie est dans la liberté.

06:51 20:57

18 dimanche

L'intention pure, aimante et désintéressée,
donne à chacun la capacité de bénir
tout ce qui l'entoure.

06:52 20:55

Le langage sacré : les portraits d'âmes

Dans l'abstraction ou le figuratif, les portraits d'âmes s'accomplissent sous l'impulsion du langage sacré provenant de l'espace intérieur. Les traits, les courbes et les symboles aiment venir se poser sur le papier à dessin, que bientôt les couleurs rejoignent pour les faire vibrer. Souvent désireuse de pouvoir s'exprimer, l'âme cherche par bien des moyens comment attirer l'attention. En lui offrant la possibilité d'ainsi la rencontrer, la profondeur de son regard ne quittera plus nos yeux, et par la voix du mystère qui la caractérise, elle nous transmettra son message sacré (davinadelor.com et leliedelancey.com).

Août

19 *lundi*

La vie est une féerie quand on ouvre les yeux sur le merveilleux.

06:54 20:53

Pleine Lune, Tsok des Bouddhas Amitabha et Tchenrézi

20 *mardi*

Le calme et la sagesse permettent de survoler toutes les tempêtes.

06:55 20:52

21 *mercredi*

La douceur des sentiments crée le bonheur et la paix dans le cœur.

06:57 20:50

22 *jeudi*

Oser sa différence, voilà qui amène des couleurs à la vie !

06:58 20:48

23 vendredi
Les plus grandes choses commencent par la réalisation des plus simples.
06:59 20:46
24 samedi
La vérité est une perle rare, elle est le trésor des cœurs purs, la plus grande richesse de l'âme.
07:01 20:44
25 dimanche
Le bonheur est dans l'émerveillement.
07:02 20:42

Le langage sacré : la voix des songes

Plus que des rêves, les songes sont des courants d'ondes porteurs d'indications en provenance des mondes intérieurs. Alors que les rêves émanent de l'inconscient, qui par la traversée dans le sommeil permet une ouverture de conscience propre à révéler certains éléments cachés au fond de notre esprit, le songe vient d'ailleurs. Situé entre l'état de veille et celui de l'éveil, le songe exprime ses visions et paroles de sagesse sous forme d'images parlantes, en un langage particulièrement destiné à ceux auxquels le songe se présente. Là où il sera question d'entendre, de voir et de comprendre les souhaits de nos projets d'âme.

Août

26 lundi

En chaque être vit la planète tout entière,
en chaque cœur bat celui
de l'Humanité rassemblée.

07:04 20:40

27 mardi

Il suffit d'un simple geste
pour recueillir l'énergie de la vie.

07:05 20:38

28 mercredi

Inutile de chercher plus loin,
en fait nous sommes un rêve.

07:06 20:36

29 jeudi

La créativité est un pouvoir magique
que l'on peut tous utiliser.

07:08 20:34

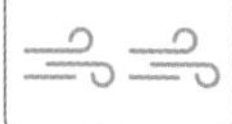

Jour des Dakinis, Tsok de Vajra Yogini

Septembre *semaine 35*

30 *vendredi*

De l'inconscient jaillissent les rêves les plus audacieux, la volonté donne le pouvoir de les réaliser.

07:09 20:32

31 *samedi*

La grâce est cette ineffable beauté lovée dans les profondeurs de l'esprit éclairé.

07:11 20:30

1er *dimanche*

Le sens de l'existence est d'éviter de passer devant la chance sans la voir.

07:12 20:28

Le langage sacré : la prière

On prie comme on parle aux personnes les plus chères, celles en qui l'on a vraiment confiance. On prie comme on est capable d'aimer, on prie aussi et surtout comme un enfant sait si bien le faire. La prière est une preuve d'amour si pur et de foi si intense qu'aucun doute n'a lieu de prendre place en ces instants sacrés. Dans l'univers de la conscience qui se met en prière, c'est tout un monde qui se crée, à la mesure de la pureté d'intention qui transporte l'élan de la prière vers le plus haut, vers le plus grand. À peine les mots sortis du cœur, ils s'ajoutent au registre des formulations universelles de bien. Prier, c'est s'engager avant de réclamer.

Chökhor Ling

L	M	M	J	V	S	D
						1
2	3	4	5	6	7	8
9	10	11	12	13	14	15
16	17	18	19	20	21	22
23	24	25	26	27	28	29
30						

Septembre

Le signe du calendrier tibétain jusqu'au 2 septembre, l'**Oiseau d'Eau**, laisse place au **Chien de Bois**. Présent en grande majorité pour ce mois, l'élément du Bois symbolise la vitalité, le pouvoir créateur et l'harmonie.

Cinq jours se suivent et sont peu favorables en Terre-Feu, la combinaison qui brûle, **les 24, 27 et 28** ; en Air-Eau, la combinaison de la séparation, **le 25**, et en Terre-Air, la combinaison de l'usure, **le 26**. On retrouve ces combinaisons **les 6, 7, 9, 12, 15 et 21**, pour lesquelles il est préférable de reporter tout projet. La prudence et la patience s'imposent.

Toutefois, quatorze jours du mois de septembre sont très propices à des actions durables et sincères. Les éléments Terre-Eau **les 11, 13, 14, 16, 18 et 20** favorisent le bonheur, en combinaison de la jeunesse. Celle du nectar en Eau-Eau le **2 septembre** est favorable à la croissance de toute chose, à la vie.

L'alliance Feu-Feu **les 1er, 3, 10 et 22** favorise le niveau de vie. Il est bon de penser également à faire des dons de charité à ceux qui en ont besoin et à planter des graines. Feu et Air **les 8 et 19** représentent une bonne combinaison dans l'énergie pour favoriser la réussite, la puissance et l'action.

Célébrons la compassion et l'hymne à l'amour tibétain, dont le mantra est *Om Mani Padme Houm*, en formulant des souhaits de bonheur à soi-même autant qu'aux autres.

La nouvelle Lune **du 3** enseigne de préparer les semences pour les temps à venir. Célébrons le Bouddha Shakyamuni avec de nombreuses offrandes de lumières.

La pleine Lune en éclipse totale **du 18** est en opposition au Soleil par rapport à la Terre : elle est alors totalement occultée par cette dernière.

Le 22 septembre, jour de l'équinoxe d'automne, marque la même durée du jour et de la nuit.

Septembre

2 *lundi*

Ne pas chercher à changer le monde,
mais s'employer à transformer
ses défauts en qualités.

07:13 20:26

Puja des Protecteurs

3 *mardi*

Si le ciel de la vie parfois s'assombrit,
reste à s'élever au-dessus des nuages.

07:15 20:24

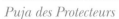

Nouvelle Lune, célébration du Bouddha Shakyamuni
avec de nombreuses offrandes de lumières

4 *mercredi*

Tous les êtres depuis leur naissance
sont reliés à une étoile qui veille sur eux
même s'ils ne la voient pas.

07:16 20:22

5 *jeudi*

Chaque jour est l'occasion
d'accomplir le meilleur en soi.

07:18 20:19

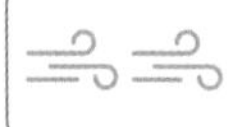 

6 vendredi

La gratitude est une attitude qui rend hommage à la vie.

07:19 20:17

7 samedi

La sagesse a la clarté du ciel et la fluidité des océans.

07:20 20:15

8 dimanche

Qui sème la lumière reçoit celle des étoiles et des planètes.

07:22 20:13

Le langage sacré : natures communicantes

En ces temps de rupture avec le confort trompeur des habitudes bien ancrées, le retour à la nature est fortement recommandé. Aux citadins privés du contact immédiat avec les sources de plaisir simples que la nature met à disposition, parler avec les fleurs est un moyen d'évacuer toute anxiété. Choisissez parmi les plantes fleuries celle qui se présente en bourgeons et donnez-lui une place correspondant à ses besoins. Câlinez-la, soignez-la et parlez-lui chaque fois que vous la regardez. Bien sûr, ne lui dites que des choses agréables, partagez avec elle des instants heureux et soyeux comme les mots les plus tendres que vous lui adressez. Récompense assurée !

Septembre

9 *lundi*

Il faut parfois faire un grand saut pour retrouver ses plus beaux rêves.

07:23 20:11

10 *mardi*

Développer l'amour et la compassion doit être la première motivation de l'éducation.

07:25 20:09

11 *mercredi*

L'esprit est un oiseau céleste qui ne demande qu'à être apprivoisé.

07:26 20:07

Jour du Bouddha de médecine, pratique de Tara

Offrandes de lumières

12 *jeudi*

Chérir les autres plus que soi-même est la clé de tous les bonheurs.

07:27 20:05

13 vendredi

Seul l'œil de la conscience perçoit toute chose avec clarté.

07:29 20:03

Jour de Padmasambhava, pratique de Tsok

14 samedi

On croit en l'existence des anges quand on comprend qu'ils expriment le meilleur de nous-mêmes.

07:30 20:01

15 dimanche

Sans culture spirituelle, l'esprit ressemble à une terre gelée.

07:32 19:58

Le langage sacré : la réalité de la pensée

Par les méditations guidées, les séances de sophrologie ou d'hypnose, l'esprit du monde s'est largement ouvert à la visualisation intérieure. La pensée est le procédé magique le plus puissant, car elle ne connaît pas de limite, si ce n'est celle de la force d'émission de la pensée elle-même. Le cerveau ne fait aucune différence entre un vécu physiquement accompli et celui effectué seulement en pensée. Pour autant, cela nécessite de semblables ressentis émotionnels et sensoriels, produits dans le corps et l'esprit lorsque la pensée est appliquée. Former en soi une image aussi réelle que nature et savoir la garder précise sur l'information désirée : c'est tout !

Septembre

16 *lundi*

Contempler l'étendue des eaux tranquilles appaise le cœur et l'esprit.

07:33 19:56

17 *mardi*

Sur le chemin des incertitudes, chercher l'étoile où accrocher son cœur.

07:35 19:54

18 *mercredi*

La patience accorde à la vie la limpidité des eaux tranquilles.

07:36 19:52

Pleine Lune, Tsok des Bouddhas Amitabha et Tchenrézi

19 *jeudi*

Méditer est la clé de libération des pensées compliquées.

07:37 19:50

20 *vendredi*

Laisser l'esprit se reposer dans la douceur de la sagesse.

07:39 19:48

21 *samedi*

C'est en élevant sa conscience vers une conscience supérieure que l'on devient ce que l'on est vraiment.

07:40 19:46

22 *dimanche*

Automne

Prier, c'est reconnaître à chaque instant la présence d'amour en son cœur et ne plus jamais avoir peur.

07:42 19:43

Le langage sacré : le courant d'ondes

Tout, absolument tout vibre du propre courant que sa nature émet. Et ce courant transporte des ondes directrices indicatrices du chemin suivi. Ces routes proposées par la vie dépendent largement de nos aspirations, motivations et engagements, qui, plus que de border les voies, les balisent, les dynamisent ou encore s'opposent à une progression facile. Nos choix sont les responsables de ce que nous allons rencontrer à chaque pas. Les ondes n'ont pas d'état d'âme, elles sont simplement le courant qui leur permet de voyager sur Terre ou dans les airs comme dans tous les espaces visibles et invisibles. Ainsi est-il bon de privilégier un bon et fluide état d'être.

Septembre

23 lundi

Méditer, c'est polir son esprit en le rendant aussi pur qu'un cristal.

24 mardi

La pureté d'un regard a le pouvoir de faire jaillir des roses sans épines dans un monde plein de ronces.

25 mercredi

Seule la lumière du cœur peut donner à chaque instant sa véritable couleur.

26 jeudi

De l'eau de l'inconscient émerge la brume de nos rêves.

27 *vendredi*

Le talent, c'est donner du mouvement aux rêves immobiles.

07:49 19:33

28 *samedi*

Si on pouvait contempler le soleil, on y verrait l'ange de la lumière.

07:50 19:31

Jour des Dakinis, Tsok de Vajra Yogini

29 *dimanche*

L'âme des fleurs ne se dévoile qu'aux regards des cœurs patients et attentifs.

07:52 19:29

Le langage sacré : le pouvoir des mains

Parler avec les mains ? Oui, si c'est pour soigner. Outre les pratiques usuelles des magnétiseurs, le langage des mains s'exerce de bien des manières. Avec les mains, on prend, mais dans le bien, surtout on donne. On les préfère ouvertes plutôt que fermées. Lorsque les mains se posent sur un corps fatigué et qu'elles s'exercent à le masser, le bien-être opérant de la rencontre agit autant sur l'épuisement physique que sur celui de l'esprit. En Afrique, en Asie et en Orient, la pratique des massages est une thérapie exercée par les femmes, un soin donné à l'autre qui passe par des mains généreuses et aimantes comme le cœur féminin sait si bien diffuser.

L	M	M	J	V	S	D
	1	2	3	4	5	6
7	8	9	10	11	12	13
14	15	16	17	18	19	20
21	22	23	24	25	26	27
28	29	30	31			

Le signe de ce mois dans le calendrier tibétain est le **Chien d'Eau** jusqu'au 2, avant de passer en **Cochon de Bois**.

Dans l'astrologie tibétaine, chaque jour lunaire correspond à la combinaison de l'élément du jour de la semaine avec celui de la constellation. Il est bon de profiter pleinement **du 12**, en combinaison des obtentions Terre-Terre ; **du 14**, en combinaison du nectar Eau-Eau, ainsi que **des 9, 11 et 18**, en combinaison de la jeunesse Terre-Eau, qui sont considérées comme excellentes.

Éviter de prendre des risques **les 2, 7, 16, 21, 27 et 28**, jours en combinaison Feu-Eau, très défavorable pour la vitalité ; **les 8, 13, 15, 22, 26**, en combinaison qui brûle Terre-Feu ; **les 4, 5, 19, 25**, en combinaison de l'usure Terre-Air, en raison de désaccords entre ces éléments, et **les 10, 17, 23, 24 et 30**, en combinaison de la séparation Eau-Air, qui peut provoquer la discorde. Notons cinq jours d'affilé à éviter, **du 22 au 26**.

On peut en revanche se concentrer sous de bons aspects **le 6**, en combinaison de la force Air-Feu, favorable pour la réussite, la puissance et l'action. **Les 1er, 20 et 29** sont synonymes de progrès en Feu-Feu.

La nouvelle Lune **du 2 octobre** célèbre le Bouddha Shakyamuni et apporte l'épanouissement de toute chose. Il est temps de se libérer des mauvaises habitudes. C'est le jour de l'éclipse solaire annulaire de cette année 2024 : la Lune se trouvant plus près du Soleil, elle semble plus petite que lui.

Allumer des bougies rouge et or **le 17**, jour de la pleine Lune et du Tsok des Bouddhas Amitabha et Tchenrézi. Faire des offrandes à l'amour et à la compassion.

Septembre

30 lundi

La conscience qui s'élève vers le plus pur chasse les nuages et fait fleurir l'espoir.

07:53 19:27

1er mardi

Écouter le son du silence, c'est apprendre à méditer.

07:55 19:24

Puja des Protecteurs

2 mercredi

La foi est une flamme qui ne s'éteint jamais.

07:56 19:22

Nouvelle Lune, célébration du Bouddha Shakyamuni avec de nombreuses offrandes de lumières

3 jeudi

Aimer, c'est offrir la plus belle lumière de la vie.

07:58 19:20

Octobre

semaine 40

4 vendredi

Parfois mieux que des mots,
un seul regard pour le dire…

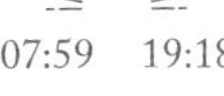

07:59 19:18

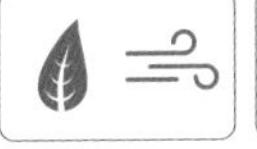

5 samedi

Face à l'immensité, on se sent tout petit.
Mais les limites ne sont que
dans notre esprit.

08:01 19:16

6 dimanche

Les certitudes ont souvent mauvais
caractère, tentez de les remettre
en question et elles se mettent en colère.

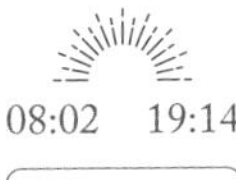

08:02 19:14

Le langage sacré : l'écho

Dans toutes ses expressions, le langage de la vie porte un écho universel qui se propage et se réceptionne tel que chacun puisse l'entendre et le comprendre. N'est-ce pas là l'un des sens profonds de l'existence ? Amis qui passez sur les chemins communs à tous, prêtez une oreille attentive : à chaque tournant, c'est la voix de la vie qui vous parle. Pour bien entendre ce qui nous est dit, il nous faut cesser de parler si fort, nos bavardages futiles font tant de bruit qu'ils nous rendent sourds aux sons gracieux de la sagesse. Toujours la vie nous dit « Je t'aime », mais nos sens bien trop tournés vers l'apparence ne perçoivent pas le son de la réalité.

Octobre

7 *lundi*

Aimer sa vie est le meilleur soin qu'on puisse lui offrir.

08:04 19:12

8 *mardi*

La précipitation coupe les ailes des plus sérieux projets.

08:05 19:10

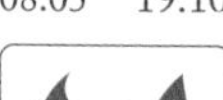

9 *mercredi*

L'audace est la compagne du courage. Ensemble, ils savent franchir tous les obstacles.

08:06 19:08

10 *jeudi*

Là où règne la sagesse, il n'y a plus de conflits.

08:08 19:06

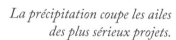

Jour du Bouddha de médecine, pratique de Tara

Offrandes de lumières

11 *vendredi*

Plus qu'un fait, l'abondance est une loi : plus tu donnes, plus tu reçois.

08:10 19:04

12 *samedi*

Les mots n'ont que le sens que le cœur leur donne.

08:11 19:02

Jour de Padmasambhava, pratique de Tsok

13 *dimanche*

Un jour, il fait beau ; le lendemain, c'est le contraire. Inévitable impermanence.

08:13 19:00

Le pouvoir sacré : le pentagramme

L'étoile à cinq branches est la représentation de la création du vivant dans l'incarnation de sa spirituelle réalité. Quatre directions pour se reconnaître en elles sur le cinquième chemin de l'âme sacrée, la pointe érigée vers le plus haut que soi. Tout comme la Terre, le Feu, l'Eau et l'Air se rejoignent dans l'Éther, les constituants vivants sont appelés à se fondre dans l'Unité d'où ils proviennent. Le pentagramme est une figure active dont on doit prendre grand soin. Porté sur soi, suspendu sur un mur ou flottant accroché dans l'espace, sa position doit toujours être respectée et maintenue bien droite. On ne joue pas avec un pentagramme, car sa force est surprenante.

Octobre

14 *lundi*

Il n'existe aucune limite, sauf à la patience.

08:14 18:58

15 *mardi*

Pour pouvoir recommencer, il faudrait tout oublier. Mission impossible.

08:16 18:56

16 *mercredi*

L'exigence, c'est comme une ruche trop pleine, à la fin ça déborde. Quel gâchis !

08:17 18:54

17 *jeudi*

En toi je vois ce que je crois.

08:19 18:52

Pleine Lune, Tsok des Bouddhas Amitabha et Tchenrézi

18 *vendredi*

C'est au silence que revient
la symphonie de la vie.

08:20 18:50

19 *samedi*

À chacun sa liberté.
Certains la portent comme des chaînes,
d'autres comme des ailes.

08:22 18:48

20 *dimanche*

Ici et maintenant, deux mots qui n'existent
pas dans la réalité absolue du temps.

08:23 18:46

Le pouvoir sacré : la croix

L'expression de la croix est celle de l'union du Ciel et de la Terre. Cette même union qui invite les êtres humains à se reconnaître dans le divin. Figure universelle, la croix indique la voie laissant libre choix à chacun quant à la direction cardinale à prendre face à la croisée des chemins. Beaucoup de gens se figurent qu'il suffit de porter ce symbole divin pour être « sauvé », il n'en est rien si leur esprit n'est pas relié à la vibration du sens de l'objet. Celui de la croix est d'avoir la volonté du don de soi, cette générosité du cœur que seules les âmes épurées possèdent. Entre verticalité et horizontalité, le principe de vie se reproduit à l'infini.

Octobre

21 *lundi*

On accomplit l'union sacrée quand on se relie à l'Essence de tout ce qui est.

08:25 18:44

mardi

La goutte d'eau confinée dans un baquet rêve de l'océan. Il y a toujours quelque chose qui manque.

08:26 18:43

mercredi

L'horizon ne s'arrête au tracé de sa ligne que lorsque nous cessons de rêver.

08:28 18:41

jeudi

L'amour inconditionnel est l'expérience du sens de la vie.

08:30 18:39

25 *vendredi*

Inutile de préférer la réalité physique à la réalité spirituelle ou inversement. En cette vie, les deux doivent être équilibrées.

08:31 18:37

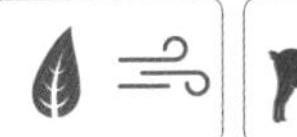 

26 *samedi*

Le doute est le premier poison distillé par la peur, il est le complice de l'ego. La confiance est son antidote tant qu'elle reste mariée au discernement.

08:33 18:35

27 *dimanche*

Changement d'heure (-1 h)

Les hautes aspirations sont les souffles des anges qui nous poussent à avancer.

08:34 18:33

Jour des Dakinis, Tsok de Vajra Yogini

Le pouvoir sacré : l'arbre de vie

Les arbres sont les poumons de la Terre. Par leur présence, ils animent l'air que l'on respire en principes indispensables à la vie. L'arbre est un élément vivant, conscient et communicant, sacré en tous ses aspects. Selon la Kabbale, lorsque Yahvé installa les jardins d'Éden, il fit jaillir l'arbre de vie au centre, ainsi que l'arbre de la connaissance du bien et du mal. Le seul interdit en ce paradis portait sur la consommation des fruits de l'arbre de la connaissance. L'arbre de vie à ses côtés montrait le bien-fondé des choix portés sur le respect et l'intégrité de la parole donnée. Rien de changé depuis lors : par tes choix tu seras sauvé ou « condamné ».

Octobre

28 lundi

La gratitude est la plus lumineuse de toutes les prières.

07:36 17:32

29 mardi

La grâce spirituelle est la réponse de Dieu.

07:38 17:30

30 mercredi

Le livre de la vie s'écrit avec le cœur. Le sens de l'histoire dépend de ce que l'on en comprend.

07:39 17:28

31 jeudi

Savoir dire merci est preuve d'évolution.

07:41 17:27

Puja des Protecteurs

Novembre

semaine 44

1er vendredi

Toussaint

Rien ne sert de courir après le bonheur alors qu'il se construit à chaque pensée émise, à chaque sentiment.

07:42 17:25

Nouvelle Lune, célébration du Bouddha Shakyamuni avec de nombreuses offrandes de lumières

samedi

Le dernier mot sera le plus faible parce que toujours remis en question.

07:44 17:23

dimanche

À force de se focaliser sur les routes bloquées, on ne voit pas celles qui viennent de s'ouvrir.

07:46 17:22

Le pouvoir de vie : le carré

Symbole terrestre par excellence, le carré ne peut exister sans le cercle, qu'il intègre naturellement dans la formalité du Ciel (cercle) et de la Terre (carré). Associé au chiffre 4, il indique les directions cardinales dont chacune est accompagnée par les quatre Gardiens sacrés, les Dikpâlas. Vaishravana au nord protège les richesses matérielles et spirituelles, Virûdhaka au sud fait croître les valeurs spirituelles, Dhritarâshtra à l'est aide à triompher des difficultés, Virîpâksha à l'ouest protège les Écritures saintes et fait obstacle aux nuisances. Toutes les Terres pures possèdent leurs gardiens chargés de veiller sur leur intégrité.

L	M	M	J	V	S	D
				1	2	3
4	5	6	7	8	9	10
11	12	13	14	15	16	17
18	19	20	21	22	23	24
25	26	27	28	29	30	

Novembre

Le **Cochon de Bois** est l'animal symbolique le 1er novembre, puis passe en **Souris de Feu**. D'origine divine, le Feu anime, vivifie et spiritualise.

Les combinaisons jugées favorables dominent ces trente jours. Neuf jours forment des alliances d'éléments jugées excellentes. Eau-Terre en jeunesse marque **les 4, 6, 8, 11, 18 et 23**. Eau-Eau en nectar se retrouve **les 13 et 20**. À privilégier, **le 9** en Terre-Terre pour les obtentions, autant d'ordre matériel pour les projets de construction, d'achat de terre, que pour faciliter les objectifs dans toute réalisation.

Retenir aussi ce mois-ci la combinaison Feu-Air, favorisant la réussite, qui est présente pendant deux jours, **les 19 et 26**, et la combinaison du progrès en Feu-Feu pendant quatre jours, **les 3, 12, 17 et 24 novembre**. C'est le moment de faire des dons de charité.

Éviter **les 10 et 25** en combinaison Feu-Eau, très négative. Trois jours Terre-Feu, dits de combinaison qui brûle, **les 5, 16, 22**, sont à proscrire pour éviter les différends. **Les 7, 14 et 27** sont marqués par l'Eau et l'Air, ensemble symbolisant la discorde avec ses amis ou sa famille. Mieux vaut décaler à d'autres jours vos relations familiales comme amicales.

Le 1er novembre marque la nouvelle Lune pour célébrer le Bouddha Shakyamuni avec de nombreuses offrandes de lumières. La Lune n'est pas visible depuis la Terre.

Le 15, la face visible de la Lune depuis la Terre apparaît entièrement illuminée par le Soleil, c'est jour de pleine Lune, qui est le contraire de la nouvelle Lune. Notre énergie est à son comble. Profitez-en !

Novembre

4 lundi

C'est notre état d'esprit qui détermine l'ensemble du devenir de notre vie.

07:47 17:20

5 mardi

La prière est le fil d'or qui nous relie à l'expression la plus sacrée de nous-mêmes.

07:49 17:19

6 mercredi

Aux nuages, on attribue les formes de nos visions. Tout cela n'est qu'illusion, la réalité n'a pas de visage.

07:50 17:17

7 jeudi

À la Source je m'abreuverai… Dieu, Lui, n'a jamais soif. C'est pour cela qu'elle est intarissable.

07:52 17:16

8 vendredi

Sur la Terre comme au Ciel, dans le corps comme dans l'esprit, rien n'est plus important que le bien que l'on fait.

07:54 17:14

9 samedi

On croit avoir créé une idée, mais on oublie que tout a déjà existé. Humilité !

07:55 17:13

Jour du Bouddha de médecine, pratique de Tara

Offrandes de lumières

10 dimanche

La lumière n'est autre que la volonté de la faire briller.

07:57 17:12

Le pouvoir de vie : la sphère

Forme ronde, pleine ou vide, la sphère s'apparente aux corps célestes avec lesquels elle entre en correspondance. La sphère représente la vie. Comme son frère jumeau le cercle, elle agit aussi bien dans le sens du contenant que du contenu s'emplissant et se reversant consciemment ou inconsciemment. Symbole universel, elle produit l'harmonie qu'elle sait créer au travers du mouvement. En elle se trouve le potentiel de tous les changements, là où les cycles naissent, progressent et s'éteignent de leur propre élan. La sphère est femme, elle est mère, elle porte la vie. Point source dans le creuset du monde, elle forme le lien cellulaire entre l'existant et son devenir.

Novembre

11 *lundi*

Armistice 1918

La parole est une baguette magique,
c'est pourquoi il faut s'en méfier.

07:58 17:10

Jour de Padmasambhava, pratique de Tsok

12 *mardi*

Les apparences sont les fantômes
des désirs toujours plus exigeants
les uns que les autres.

08:00 17:09

13 *mercredi*

Toutes les couronnes sont faites d'épines.
Le bonheur est d'aller cheveux au vent.

08:02 17:08

14 *jeudi*

Un problème ne se résout pas,
il dénoue le système dans lequel il s'était
laissé enfermer. À cet instant, il change
de nom et devient solution.

08:03 17:06

15 vendredi

L'éternité, c'est quoi ?
On ne le sait toujours pas, bien que chaque instant en soit la preuve.

08:05 17:05

Pleine Lune, Tsok des Bouddhas Amitabha et Tchenrézi

16 samedi

L'imagination est la porte de l'illumination.

08:06 17:04

17 dimanche

La pensée est le plus grand pouvoir de l'être. Avec elle, il peut voyager jusqu'aux confins de sa réalité, et même la dépasser.

08:08 17:03

Le pouvoir de vie : le vert

Les couleurs recèlent des fréquences vibratoires agissant sur les courants vitaux. Associé à l'élément Eau constituant les vastes étendues océanes, le vert clair dégage une force profonde capable de répandre le plus grand apaisement. Et si le vert sombre rappelle le trouble soulèvement des dangereuses houles, sa tonalité, comme le temps, change à tous moments. En cela résident l'espoir et la confiance en toute rémission. Couleur thérapeutique proclamée, le vert agit sur la santé. Les soignants portent sa radiation dans leur aura, qui diffuse une belle énergie de guérison selon l'ampleur et la sincérité de leur vocation.

Novembre

18 *lundi*

L'avenir n'existe pas,
tout est fait de présent.

08:09 17:02

19 *mardi*

La compétition est la chose la plus ridicule qui soit. La vie ne connaît d'enjeux que ceux qu'elle s'est fixés personnellement. C'est avec soi qu'il faut gagner !

08:11 17:01

20 *mercredi*

S'engager, c'est assumer ses choix d'aventurier de sa propre vie.

08:12 17:00

21 *jeudi*

Rien n'est à comparer, nous avons tous une mission à remplir en cette vie et les moyens particuliers pour la réaliser.

08:14 16:59

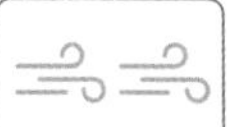

La vie est une promesse d'amélioration. Ce que l'on en fait est la parole tenue ou manquée, tout sera alors à recommencer.

On ne change le négatif en positif que si l'on se change soi-même.

L'expérience est la seule voie de connaissance.

Le pouvoir de vie : le rouge

Le rouge est la goutte du sang de la vie, qu'elle dynamise et revitalise. Rouges sont les graines d'amour et de passion qui engendrent la création. L'aube resplendit des lumières rougeoyantes de tous les commencements. Comme un rappel, le déclin du jour marque la promesse d'un renouveau en couchant le soleil dans des draps flamboyants. La connaissance est rouge, mais le pouvoir aussi. La création est rouge, l'apocalypse aussi. Le rouge est une énergie qui aime s'exprimer dans l'action volontaire, elle exerce son pouvoir au sein du courage, de l'aventure et même de la témérité. Le rouge exprime le tout et son contraire, comme la vie…

Novembre

25 lundi

Quand on cherche le réconfort, la paix du cœur et le bien-être, il faut aller là où se trouve l'amour, dans la sincérité et la simplicité, dans la vérité et l'humilité, dans la bonté et la fidélité.

08:20 16:55

Jour des Dakinis, Tsok de Vajra Yogini

26 mardi

La vie est un long chemin d'incertitudes. Heureusement, la confiance nous tient par la main.

08:21 16:55

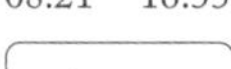

27 mercredi

Toi tu ne crois en rien, et moi je crois en tout. Entre nous, la sagesse.

08:22 16:54

28 jeudi

Le rêve est un mystère dont la réalité mérite d'être vécue pour de vrai.

08:24 16:53

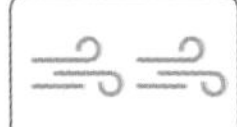 

Décembre

semaine 48

29 vendredi

La forêt est vivante.
Au silence des promeneurs,
elle confie ses secrets.

08:25 16:53

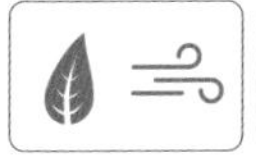

Puja des Protecteurs

30 samedi

Ce matin, j'ai vu un crapaud,
il m'a proposé de me changer en princesse,
j'ai décliné son offre.

08:26 16:52

1er dimanche

Pourquoi tant chercher la Lumière ?
À la longue, ça la vexe,
c'est pour cela qu'on ne la voit pas.

08:28 16:52

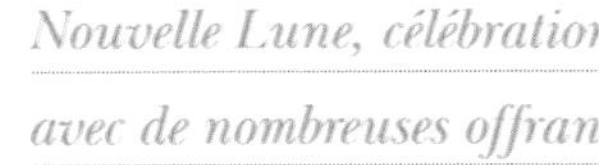

Nouvelle Lune, célébration du Bouddha Shakyamuni avec de nombreuses offrandes de lumières

Le pouvoir de vie : le jaune & le blanc

Éclat solaire, éclat lunaire, le jaune et le blanc sont des émanations de la lumière. Selon leurs configurations, ces clartés peuvent souligner la vérité ou déclarer la trahison. Mais l'or et le diamant ont choisi pour parures le pur rayonnement de la victoire remportée sur l'adversité. Il faut toutefois se méfier des apparences : tout ce qui brille ne provient pas nécessairement d'un ciel étoilé. La luminosité du jaune doit inspirer le discernement, et la pureté du blanc susciter la recherche de l'authenticité. Si le blanc se marie souvent avec le noir, c'est pour montrer l'exemple de la tolérance et de l'acceptation des différences. Toutefois, le jaune rappelle la prudence.

L	M	M	J	V	S	D
						1
2	3	4	5	6	7	8
9	10	11	12	13	14	15
16	17	18	19	20	21	22
23	24	25	26	27	28	29
30	31					

Décembre

Exceptionnellement dans le calendrier tibétain, le signe du 1er décembre 2024 est la **Souris de Feu**, puis passe jusqu'au 30 en **Vache de Feu**, pour enfin terminer l'année calendaire en **Tigre de Feu**. Cet élément présent en continuité depuis le 2 novembre appelle à une vie spirituelle.

C'est un mois relativement équilibré dans toutes les combinaisons, qu'elles soient un peu néfastes ou favorables.

Ainsi, le mois commence **le 1er** par la combinaison du progrès Feu-Feu, propice aux dons de charité, qui se répète **les 10 et 22**. On assiste également à l'alliance Terre-Feu de la brûlure et de la souffrance **les 3, 13, 14, 15, 21, 28, 29**, mais on récupère une bonne énergie par la combinaison du perfectionnement en Air-Air, pour régler des différends et réaliser ses désirs, **les 12 et 26** ; ainsi que par celles des obtentions Terre-Terre **les 6 et 7**, de la jeunesse Terre-Eau **les 2, 9, 20, 30**, du nectar Eau-Eau **les 4 et 11**, et enfin de la force en Feu-Air **les 9 et 24 décembre**.

Faire particulièrement attention pendant les quatre jours **des 8, 17, 23 et 31**, en Feu-Eau, très défavorable pour la vitalité. D'où l'importance de se recentrer par la méditation.

Exceptionnellement, deux nouvelles Lunes ouvrent et terminent le mois de décembre, **les 1er et 30**. La Lune se trouve alors entre le Soleil et la Terre.

Le 15 est le premier jour de la pleine Lune, qui se positionne à l'opposé du Soleil par rapport à la Terre. C'est le meilleur moment pour lancer des projets.

Le 21 décembre, jour du solstice d'hiver, marque la plus longue nuit de l'année.

Bonne fête à la Saint-Nicolas le 6 décembre, et joyeux Noël à tous les chrétiens le 25 pour célébrer la naissance de Jésus.

Décembre

2 *lundi*

L'erreur avec l'éternité,
c'est de croire qu'elle dure toujours.
Mieux vaut savourer l'instant.

08:29 16:51

3 *mardi*

Une goutte d'eau glisse sur un carreau de la fenêtre. Cela me rappelle mes larmes, du temps où je savais encore pleurer.

08:30 16:51

4 *mercredi*

Par beau temps, le soleil affiche un sourire triomphant. Se méfier des apparences, elles sont parfois brûlantes.

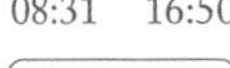

08:31 16:50

5 *jeudi*

Le plaisir est bruyant, il aime s'afficher et se pavaner. Rien à voir avec le bonheur, qui lui se repose dans le cœur.

08:32 16:50

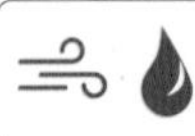  

6 *vendredi*
Saint-Nicolas

Les pierres sont les grains de beauté de la Terre, mais lorsqu'elles sont émeraudes ou diamants, elles deviennent la folie des hommes.

08:33 16:50

7 *samedi*

Chaque être porte en lui la mémoire du monde. Nous sommes de très vieux voyageurs qui se prennent pour de jeunes découvreurs.

08:35 16:50

8 *dimanche*

Les boules sont faites pour rouler. À ce jeu-là, le temps qui passe ne se laisse pas prendre : malgré tout, il s'accroche. De loin, la souplesse le nargue.

08:36 16:49

Le pouvoir de vie : le bleu

Relié aux eaux calmes et limpides, aux courants fluides d'un ciel sans nuages, à la délicatesse et à la tendresse, le bleu crée un espace harmonieux et tranquille. Sa vibration est associée à la médiumnité et s'expanse vers les hauts niveaux de conscience, là où les Guides de Lumière éclairent les êtres qui s'engagent pour le bien de leurs semblables incarnés ou désincarnés. Pour développer les facultés médiumniques latentes chez la plupart des humains, les Guides insufflent des idées et des vérités créatrices d'évolution constructives. Sur le fil du ruban bleuté qui relie les âmes, l'inspiration devient source de renouveau.

Décembre

9 lundi

Les anges font des efforts pour entrer dans nos vies. C'est pour cela qu'il faut se tenir prêt à les recevoir comme on le ferait pour de royaux invités.

08:37 16:49

Jour du Bouddha de médecine, pratique de Tara

Offrandes de lumières

10 mardi

L'humain se prend pour un humain alors qu'il est une âme. Un jour, son corps disparaît. Reste la vérité de sa réalité.

08:38 16:49

11 mercredi

Comme des bulles de savon, les émotions se gonflent avant de s'éclater dans l'illusion qu'elles ont provoquée.

08:39 16:49

Jour de Padmasambhava, pratique de Tsok

12 jeudi

Les plus solides cuirasses ne savent résister aux flèches invisibles des émotions perfides.

08:39 16:49

13 *vendredi*

Seule la lumière protège des ombres.

08:40 16:49

14 *samedi*

Quel qu'il soit, le pouvoir est une marionnette qui fait perdre la tête de la main qui la tient.

08:41 16:49

15 *dimanche*

Parce qu'on ne les voit que la nuit, les étoiles en profitent pour envouter les poètes et les rendre insomniaques. À qui se fier ?

08:42 16:50

Pleine Lune, Tsok des Bouddhas Amitabha et Tchenrézi

Le pouvoir de vie : le violet

Né de l'union du rouge en toute puissance et de la douce harmonie du bleu, le violet resplendit des qualités qui l'élèvent vers les plans supérieurs d'une spiritualité pleinement éveillée. Quand la médiumnité parvient à l'apogée de ses ressources terrestres, le rayon violet se fait Guide de Lumière et délivre l'accès à la splendeur des jardins célestes. Dans les courants fluidiques aux variantes indigo se retrouvent les âmes de bien, qui conversent dans le bonheur et la paix. Elles partagent le nectar de vie qui leur transmet le sens magnifique de toutes les expressions de l'existence, maîtres de la progression. Suite à cette expérience, nous ne sommes plus jamais les mêmes.

Décembre

16 lundi

Le chat est une personne étrange.
Il ronronne et fait ses yeux d'amoureux,
et voilà que l'instant d'après,
il vous tourne le dos d'un air méprisant.

08:43 16:50

17 mardi

La liberté n'existe qu'offerte par soi-même.

08:43 16:50

18 mercredi

Le champ de vision qui se présente
dépend du point de vue depuis
lequel on place l'observation.

08:44 16:51

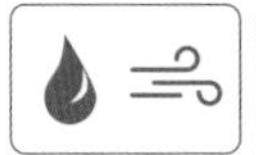 

19 jeudi

Rien ne peut exister sans mon consentement.
Je veux le bonheur, alors je le crée !

08:44 16:51

20 vendredi
Prendre soin de soi est une preuve d'amour offerte à la vie. Les bonnes dispositions au réveil conditionnent les réussites de la journée.
08:45 16:51
21 samedi
Hiver
J'exerce mon corps pour en faire le bien-être de ma vie.
08:46 16:52
22 dimanche
Le mouvement crée le changement dans lequel s'accomplit le progrès.
08:46 16:52

Les figures d'exception : le cube de Métatron

En premier lieu, prendre conscience que l'on s'adresse à l'un des plus puissants symboles de la géométrie sacrée, car le sceau de Métatron n'est autre que la pure émanation de la plus haute sphère archangélique. Les fluides vibratoires de Métatron, le Guide suprême, pulsent au sommet du temple du Ciel. À tout appel sincère et dans la nécessité, il répond en diffusant son rayonnement de purification. En plaçant son effigie chez vous ou sur votre personne, invoquez sa puissance en priant pour recevoir son assistance spirituelle, puis restez en confiance, patience et vigilance. Les consciences supérieures répondent toujours, reste à savoir les entendre.

Décembre

23 *lundi*

Il n'y a pas de force sans souplesse.

08:46 16:53

24 *mardi*

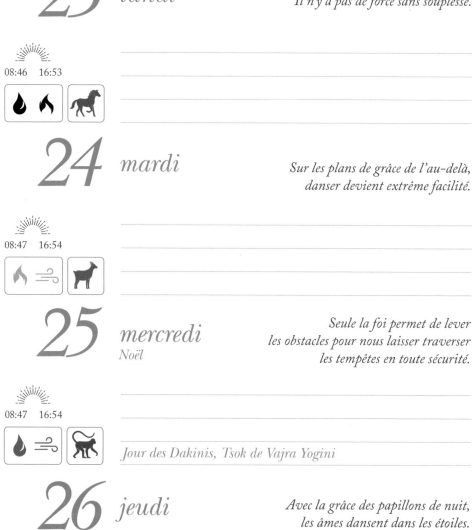

Sur les plans de grâce de l'au-delà,
danser devient extrême facilité.

08:47 16:54

25 *mercredi*

Noël

Seule la foi permet de lever
les obstacles pour nous laisser traverser
les tempêtes en toute sécurité.

08:47 16:54

Jour des Dakinis, Tsok de Vajra Yogini

26 *jeudi*

Avec la grâce des papillons de nuit,
les âmes dansent dans les étoiles.

08:47 16:55

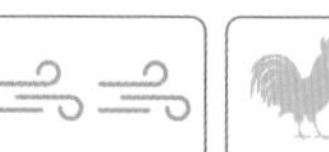

27 *vendredi*

La foi est cette vibration qui déclenche un flot d'abondance de bien dans nos vies ordinaires.

08:47 16:56

28 *samedi*

Ô temps, suspends ton vol… et laisse-nous celui de respirer la vie.

08:48 16:57

29 *dimanche*

Pour porter la lumière, il faut l'avoir révélée dans son esprit et fait jaillir de son cœur.

08:48 16:58

Puja des Protecteurs

Les figures d'exception : la Merkaba

L'origine de la Merkaba remonte au temps de l'Égypte ancienne. La structure de cet emblème de pouvoir est édifiée à partir de la superposition de deux pyramides inversées, dont l'une pointe son énergie vers le Ciel et l'autre vers la Terre. Soit l'évocation du corps, de l'esprit et de l'âme manifestés aux plans visibles et invisibles. La Merkaba peut être utilisée comme support de méditation dans le but d'élever sa conscience vers les plus hauts plans de Lumière. Sa force est si impressionnante qu'elle ne doit être sollicitée que pour la guérison des êtres ou des situations. Lorsque vous donnez un élan, soyez certain qu'il vous sera retourné.

Décembre

30 lundi

Le recueillement n'est ni absence ni même éloignement. Il est véritable présence.

08:48 16:59

Nouvelle Lune, célébration du Bouddha Shakyamuni avec de nombreuses offrandes de lumières

31 mardi

Quitter les ombres de l'an passé et se laisser entrer dans la lumière de la nouvelle année. À tous, paix, joie et santé !

08:48 16:59

1er mercredi
Jour de l'An

Chaque matin en se levant, le soleil écrit des mots d'encouragement dans le ciel.

08:48 17:00

2 jeudi

Agir toujours sous le regard de sa propre conscience.

08:48 17:02

Janvier 2025 semaine 1

3 vendredi

L'intuition est ce petit miracle de voix à peine audible qui vous souffle à l'oreille ce qui est bon pour vous.

08:47 17:03

4 samedi

Le soir, la lumière ne s'éteint pas, elle rentre à la maison des âmes.

08:47 17:04

5 dimanche

Écoutez le silence, il a tant à vous apprendre sur vous-même.

08:47 17:05

Les figures d'exception : mise en pratique

« Travailler » avec les symboles sacrés en général et avec les figures d'exception en particulier demande de l'attention et une certaine prudence. Agissantes par le pouvoir de leur propre nature vibratoire, le fait de les méditer, de les porter sur soi ou de placer leur représentation dans l'intimité de son foyer réclame le respect que l'on se doit de porter à tout « objet » sacré. Il y a des connaissances et un savoir-faire qu'il est utile d'apprendre avant de se lancer dans une aventure énergétique de cet ordre. Sans cela, vous ne feriez que jouer un jeu qui vous dépasse, et vous risqueriez de vous retrouver face à des surprises pour le moins déroutantes. Alors au travail !

Jours favorables et néfastes en fonction du signe animal de naissance, selon la pratique tibétaine Cycle mensuel

	Création	Énergie	Succès
	20	6	3
	17	14	12*
	5	27	9
	11	27	12
	3	12	17
	13	12	6*
	17	12	6
	8	1	2
	8	1	2
	14	7	25
	9	27	5
	2	8	11

* Ces jours apportent le succès après avoir surmonté des obstacles.

Pour chacun des signes, il y a trois jours favorables
et trois jours néfastes dans chaque mois lunaire.
Ils se calculent à partir de la nouvelle Lune.

Les activités entreprises durant les jours positifs (Création – Énergie – Succès) réussiront tandis que celles pratiquées durant les jours négatifs (Obstacle – Perturbation – Échec) peuvent ne pas aboutir.

Obstacle	Perturbation	Échec	
26	10	23	Souris
12*	18	5	Bœuf
14	12	3	Tigre
26	25	18	Lièvre
8	9	6	Dragon
8	9	6*	Serpent
20	5	27	Cheval
20	5	27	Chèvre
9	10	17	Singe
3	11	24	Oiseau
11	3	12	Chien
26	3	12	Cochon

* Ces jours apportent le succès après avoir surmonté des obstacles.

calendrier 2025

● Nouvelle Lune — Pleine Lune — Premier quartier — Dernier quartier

Janvier			*Février*			*Mars*			*Avril*			*Mai*			*Juin*		
1	**M**		1	S		1	S		1	M		1	**J**		1	**D**	
2	J		2	**D**		2	**D**		2	M		2	V		2	L	
3	V		3	L		3	L		3	J		3	S		3	M	Premier quartier
4	S		4	M		4	M		4	V		4	**D**	Premier quartier	4	M	
5	**D**		5	M	Premier quartier	5	M		5	S	Premier quartier	5	L		5	J	
6	L		6	J		6	J	Premier quartier	6	**D**		6	M		6	V	
7	M	Premier quartier	7	V		7	V		7	L		7	M		7	S	
8	M		8	S		8	S		8	M		8	**J**		8	**D**	
9	J		9	**D**		9	**D**		9	M		9	V		9	**L**	
10	V		10	L		10	L		10	J		10	S		10	M	
11	S		11	M		11	M		11	V		11	**D**		11	M	Pleine Lune
12	**D**		12	M	Pleine Lune	12	M		12	S		12	L	Pleine Lune	12	J	
13	L	Pleine Lune	13	J		13	J		13	**D**	Pleine Lune	13	M		13	V	
14	M		14	V		14	V	Pleine Lune	14	L		14	M		14	S	
15	M		15	S		15	S		15	M		15	J		15	**D**	
16	J		16	**D**		16	**D**		16	M		16	V		16	L	
17	V		17	L		17	L		17	J		17	S		17	M	
18	S		18	M		18	M		18	V		18	**D**		18	M	Dernier quartier
19	**D**		19	M		19	M		19	S		19	L		19	J	
20	L		20	J	Dernier quartier	20	J		20	**D**		20	M	Dernier quartier	20	V	
21	M	Dernier quartier	21	V		21	V		21	**L**	Dernier quartier	21	M		21	S	
22	M		22	S		22	S	Dernier quartier	22	M		22	J		22	**D**	
23	J		23	**D**		23	**D**		23	M		23	V		23	L	
24	V		24	L		24	L		24	J		24	S		24	M	
25	S		25	M		25	M		25	V		25	**D**		25	M	Nouvelle Lune
26	**D**		26	M		26	M		26	S		26	L		26	J	
27	L		27	J		27	J		27	**D**	Nouvelle Lune	27	M	Nouvelle Lune	27	V	
28	M		28	V	Nouvelle Lune	28	V		28	L		28	M		28	S	
29	M	Nouvelle Lune				29	S	Nouvelle Lune	29	M		29	**J**		29	**D**	
30	J					30	**D**		30	M		30	V		30	L	
31	V					31	L					31	S				

Juillet		Août		Septembre		Octobre		Novembre		Décembre	
1	M	1	V	1	L	1	M	1	**S**	1	L
2	M	2	S	2	M	2	J	2	**D**	2	M
3	J	3	**D**	3	M	3	V	3	L	3	M
4	V	4	L	4	J	4	S	4	M	4	J
5	S	5	M	5	V	5	**D**	5	M	5	V
6	**D**	6	M	6	S	6	L	6	J	6	S
7	L	7	J	7	**D**	7	M	7	V	7	**D**
8	M	8	V	8	L	8	M	8	S	8	L
9	M	9	S	9	M	9	J	9	**D**	9	M
10	J	10	**D**	10	M	10	V	10	L	10	M
11	V	11	L	11	J	11	S	11	**M**	11	J
12	S	12	M	12	V	12	**D**	12	M	12	V
13	**D**	13	M	13	S	13	L	13	J	13	S
14	**L**	14	J	14	**D**	14	M	14	V	14	**D**
15	M	15	**V**	15	L	15	M	15	S	15	L
16	M	16	S	16	M	16	J	16	**D**	16	M
17	J	17	**D**	17	M	17	V	17	L	17	M
18	V	18	L	18	J	18	S	18	M	18	J
19	S	19	M	19	V	19	**D**	19	M	19	V
20	**D**	20	M	20	S	20	L	20	J	20	S
21	L	21	J	21	**D**	21	M	21	V	21	**D**
22	M	22	V	22	L	22	M	22	S	22	L
23	M	23	S	23	M	23	J	23	**D**	23	M
24	J	24	**D**	24	M	24	V	24	L	24	M
25	V	25	L	25	J	25	S	25	M	25	**J**
26	S	26	M	26	V	26	**D**	26	M	26	V
27	**D**	27	M	27	S	27	L	27	J	27	S
28	L	28	J	28	**D**	28	M	28	V	28	**D**
29	M	29	V	29	L	29	M	29	S	29	L
30	M	30	S	30	M	30	J	30	**D**	30	M
31	J	31	**D**			31	V			31	M

Notes

« Il nous faut mener double vie dans nos vies, double sang dans nos cœurs, la joie avec la peine, le rire avec les ombres, deux chevaux dans le même attelage, chacun tirant de son côté, à folle allure. Ainsi allons-nous, cavaliers sur un chemin de neige, cherchant la bonne foulée, cherchant la pensée juste, et la beauté parfois nous brûle, comme une branche basse giflant notre visage, et la beauté parfois nous mord, comme un loup merveilleux sautant à notre gorge. »

Christian Bobin

Crédits

Photographies de
Pascale Barithel, Adobestock.com

Sur une idée et une direction éditoriale de
Sylvie Desormière

Remerciements

Mes plus chaleureux remerciements vont à Sophie Lacoste, rédactrice en chef du magazine *Rebelle-Santé* pour l'intégrité de ses qualités humanistes et sa brillante et non moins discrète manière de diriger son magazine, en parfaite harmonie relationnelle avec toute son équipe.

Infiniment merci à Sylvie Desormière, artiste architecte et guide éditoriale, pour le temps consacré à l'étude si complexe de l'astrologie tibétaine présentée dans cet agenda.

Reconnaissance inconditionnelle à Pascale Barithel pour la générosité et la bienveillance de sa présence, et la grâce de son efficacité.

Grand merci à la talentueuse équipe des éditions Mosaïque-Santé, pour leur précieux soutien éditorial.

Le nouveau monde existera par la force tranquille des groupes réunis dans le partage des valeurs de bien.

Imprimé en France par Présence Graphique
en juillet 2023

Dépôt légal : août 2023
ISBN : 978-2-84939-246-1

1, rue Jean de Brion
77520 Donnemarie-Dontilly